Klaus Brill

Lesereise Rom

Klaus Brill

Lesereise Rom

Die Köchin, die Pornodiva und der Papst

Picus Verlag Wien

Umfassend überarbeitete Neuausgabe 2009

Grafische Gestaltung: Dorothea Löcker, Wien
Umschlagabbildung: © Terra Vista / LOOK-foto
Druck und Verarbeitung: Remaprint, Wien
ISBN 978-3-85452-967-5

Informationen über das aktuelle Programm
des Picus Verlags und Veranstaltungen unter
www.picus.at

Inhalt

Ein Vorwort oder:
Ciao, Mario! 9

Angriff der Zentauren
Eine römische Straßenplage: die »motorini« 18

Königin mit dreigezinktem Zepter
Annas schöne, schwere Arbeit in der »trattoria« 22

Immer Anschluss unter dieser Nummer
In der Messe, auf der Dampfwalze, beim Friseur: das »telefonino« 34

Ratten in der Cloaca Maxima
Ein Heim für Tiere: die Ruinen der Antike 38

Samariter, die auch Diplomaten sind
Eine Bürgerinitiative all' italiana: die Gemeinschaft von Sant' Egidio 42

Eine Wohnung für einen Espresso
Die Auswüchse römischer Vetternwirtschaft 53

Ein Silberschatz für Sisyphus
Wo die Münzen aus der Fontana di Trevi bleiben 56

Die Mama wird's schon richten
Der Latin Lover als Muttersöhnchen 65

Volkslauf zum Paradies der Amtsstube
Millionen wollen einen Job beim Staat 69

Die Pornodiva mit dem Rosenkranz
Kontraste eines katholischen Landes 75

Halbmond zwischen tausend Kreuzen
Rom beherbergt auch Europas größte Moschee 79

Und Cristina holt den Schraubenzieher
Eine Powerfrau im Eissalon zwischen Grenadine-Gläsern, Familientradition und Komplimenten 84

Drei Erzengel im Internet
En Streifzug durch den Vatikan enthüllt exotische Kontraste 93

Im Zwielicht zwischen Päpsten und Paten
Andreotti – rechtschaffener Römer oder Mordgehilfe der Mafia? 106

Ein Quertreiber aus Passion
Das politische Unikum Marco Pannella und seine Radikale Partei 118

Addio, Mamma Roma
Wie die Stadt um Fellini und Mastroianni trauerte 124

Nachsatz 130

Ein Vorwort oder: Ciao, Mario!

Wer in Rom lebt, lebt gut. Die Sonne scheint, hell sind die Tage, die Menschen freundlich und elegant. Aus den Bars duftet der Kaffee, lebhaftes Stimmengewirr dringt aus den Restaurants, und Lebenslust liegt in der Luft. Unter jeder zweiten Pinie oder Säule steht ein Mensch mit gel-geschwelltem Haar, der lustvoll in ein Handy schwatzt (*»Ciao, Mario!«*), und flotte Frauen fahren auf dem Moped vorbei. Was ein echter Römer ist, der nimmt das Leben leicht und besteigt niemals das Kuppeldach der Peterskirche, höchstens als Schulkind. Samstag abends geht er aus, deshalb gibt es um ein oder zwei Uhr nachts an den Uferstraßen des Tiber regelmäßig Verkehrsstaus.

Rom, die Urbs, die Hauptstadt des alten Europa, ist mit all ihren Bizarrerien auch heute die Heimstatt des Urbanen und Humanen, jedenfalls im *centro storico*, der historischen Altstadt. Wer dort wohnt, unweit der Piazza Navona etwa, mag sich begeistern an der Vereinbarkeit von Gegensätzen, wie man sie in anderen Metropolen gar nicht mehr findet. Man hockt mitten drin in der Kapitale Italiens, so zentral, dass alle wichtigen Stellen, die etwa ein Auslandskorrespondent regelmäßig anzulaufen hat, in einer Viertelstunde zu Fuß erreichbar sind: der Auslandspresseclub, das Parlament, der Regierungssitz, die Hauptquartiere der Parteien, der Vatikan. Und zugleich findet man sich doch im Dorfe wieder.

Man hört den Glockenschlag der nächsten Kirche und das Hämmern der Schreiner, die in der Nachbarschaft alte Schränke aufmöbeln. Man hört Maria, die Pförtnerin, und Santino, ihren Mann, in der Morgenfrühe mit den Nachbarn plaudern, man wird sehr schnell vertraut mit den Lebensmittelhändlern und Marktfrauen, bei denen man die täglichen Besorgungen macht. Beim dritten Mal schon fragen manche, ob man Kinder habe und ob man Anhänger der Mannschaft von AS Roma oder Lazio sei. Wer eine Brille trägt und den Eindruck macht, als ob er sie zum Lesen benutzte, wird als *Dottore* tituliert. In der Kaffeebar ist man rasch ein alter Bekannter (»*Ciao, Mario!*«), beim Friseur gibt es Unterweisung in Fußball und Währungsfragen, und Gianni, der Zeitungshändler am Kiosk in der Via della Pace, gibt zuverlässig Auskunft über die politische Stimmungslage.

Man wird schnell Freund mit Rom. Es ist so eine menschliche Wärme in der Stadt, das muss an den Römern liegen. Jeder Römer pflegt, wie alle Italiener, vielfältige Beziehungen, oft ist der Neffe des Schwagers eines Monsignore oder der Großcousin der Nichte eines hochmögenden Politikers im Hintergrund. Man sollte, so nennen sie es, einen Heiligen im Paradies haben. Die Ungerechtigkeit liegt darin, dass mancher keinen und mancher gleich mehrere Heilige hat. Was nicht heißt, dass die Römer besonders fromm wären. Im Gegenteil: Gerade in Rom hat der Papst erbitterte Gegner, aus Tradition.

Gibt es ein Problem zu lösen, so überlegt man erst, wen man kennt, der die Lösung des Problems befördern könnte (»*Ciao, Mario!*«). Nichts ist dabei wichtiger als die Familie und die Freunde, die *amici*. Man lebt im direkten Kontakt, und je besser die Kontakte, desto höher das Ansehen. Ein deutscher Kollege, der in sein Stammlokal einmal mit einem prominenten Fußballspieler zum Essen kam, wurde, nachdem die Erinnerungsfotos gemacht waren, vom *Dottore* zum *Professore* befördert, augenzwinkernd, versteht sich. Ein Tisch war seither immer frei für ihn.

So ist Italien, so ist Rom. Man kennt sich, man hilft sich, man ist nett zueinander, für Hindernisse gibt es Umgehungen. Man kommt weit mit Freundlichkeit. Mitten in der Stadt, am Monte Giordano, steht ein gewaltiger Palazzo, und bittet man den Pförtner höflichst um Erlaubnis, so darf man einen Blick in den Innenhof werfen. Es ist, als wäre man weit weg auf dem Land: Ein Schlossbau und eine grüne Wildnis tun sich auf, ein Brunnen rauscht, ein Vogel singt.

Nachts ist es in vielen Teilen der Altstadt so ruhig, dass jedes Moped einzeln quält. Krakeelende Betrunkene gibt es kaum, und wenn, dann sind es fast immer ausländische Touristen. Ist es ausnahmsweise einmal ein Italiener, der über die Stränge schlägt, singt er allenfalls eine Opernarie. Ansonsten ist in römischen Nächten hin und wieder ein seltsames mechanisches Knirschen zu vernehmen: Das ist die Müllabfuhr, die fährt hier nachts.

Wenn nur der wilde, chaotische Verkehr nicht

wäre. Rom ist, wo seine zwei Millionen Autos sich bewegen, ein stinkender Moloch. Der Mangel an U-Bahnen provoziert ein Übermaß an Staus, drum wird, wer nur ein bisschen außerhalb des Zentrums wohnt und etwas in der Stadt zu erledigen hat, auf harte Geduldsproben gestellt. Die Bürokratie trägt ihren Teil dazu bei.

Man will zum Beispiel an einem harmlosen Vormittag eine harmlose Telefonrechnung bezahlen. Mit dem Auto in die Innenstadt zu fahren, wäre zwecklos, denn man brauchte erstens eine Sondererlaubnis für das *centro* und fände zweitens dort keinen Parkplatz. Also wartet man auf den Bus. Erst kommt er lange nicht, dann treffen hintereinander zwei Busse derselben Linie ein, wahrscheinlich haben die Fahrer wieder an der Endhaltestelle ewig miteinander geschwatzt. Der Anschlussbus ist überfüllt, das Gedränge atemberaubend, man muss auf Geldbörsen und Handtaschen achtgeben.

In der Bank steht man erst einmal Schlange. In römischen Banken ist grundsätzlich nur ein Teil der Schalter geöffnet, und meist sitzen hinter anderen Schaltern Angestellte, die Formulare ausfüllen, ihre Fingernägel anschauen oder mit irgendjemandem telefonieren (»*Ciao, Mario!*«). Nur in Ausnahmefällen braucht man weniger als eine halbe Stunde, um Geld abzuheben. Die Telefonrechnung bezahlt man auf der Post, weil die Bank dafür fast drei Euro an Gebühr verlangt, die Post aber nur fünfzig Cent. Das Abbuchungsverfahren ist nicht üblich, und es gibt Leute, die behaupten, das Bankwesen habe in

Italien, wo es im Mittelalter erfunden wurde, damals besser funktioniert als heute.

Auch auf der Post steht man Schlange, auch dort sind grundsätzlich nicht alle Schalter geöffnet, auch dort drängt sich grundsätzlich irgendein Mensch unter irgendeinem Vorwand an der Schlange vorbei zum Schalterbeamten (»*Ciao, Mario!*«), und oft ist er erfolgreich. Kurzum: Am Ende hat man mehr als einen halben Vormittag gebraucht, um die Telefonrechnung zu begleichen. Und wohnt man weiter draußen, in den gesichtslosen neueren Vierteln an der Peripherie, dann geht mit einer Besorgung in der Innenstadt der Vormittag ganz drauf.

Ob man auch in der römischen Peripherie gut lebt, ist so eine Frage. Die meisten dieser Vorstädte sind in den hohen Zeiten der Korruption und der Grundstücksschiebereien entstanden, oftmals schwarz gebaut von skrupellosen Unternehmern, die politische Rückendeckung hatten. Es fehlen Plätze, Geschäfte, Restaurants und Busanschlüsse, erst in den neunziger Jahren stellte die von dem jungen Bürgermeister Francesco Rutelli, einem Grünen, angeführte Stadtregierung einen umfassenden Plan zur Verbesserung der Lebensqualität in diesen Randzonen auf.

Es gibt genügend Menschen, die in Rom leiden, und nicht zuletzt der Papst klagt darüber Jahr für Jahr. Auf etwa zweitausendvierhundert bis viertausend schätzt die städtische Caritas die Zahl der Obdachlosen, die auf der Straße leben. Rund fünfundachtzigtausend Frauen und Männer sind Opfer von Wucherern, die zu abenteuerlich hohen Zinsen Geld verleihen und mit brutalsten Methoden ihre

Profite eintreiben. Es gibt Armut in Rom, nur die wenigsten Menschen wohnen in jenen prachtvollen Stadtpalästen, in denen auf ein hohes Stockwerk (für die Herrschaft) je ein niedriges (für die Dienerschaft) folgt.

In der Zeitung liest man gelegentlich Meldungen wie die von jenem jungen Mann, der wegen eines Raubüberfalls zu Hausarrest verurteilt wurde und darum bat, die Strafe im Gefängnis absitzen zu dürfen – die Wohnung der Familie sei zu eng. Und am Trevibrunnen erwischte die Polizei im September 1997 eine Frau, als sie mit einem Magneten in einem Nylonstrumpf nach den Münzen fischte, die die Touristen dort hineinwerfen. Die Sechsundvierzigjährige erklärte, sie brauche das Geld, um ihren Kindern etwas zu essen zu kochen. Worauf die Polizisten im Polizeirevier eine Sammlung veranstalteten, um ihr ein warmes Essen zu kaufen. Auch das ist Rom.

Wer aus Europas Mitte oder Norden herkommt, um die Stadt zu besuchen oder ein paar Jahre hier zu leben, trifft auf eine Gesellschaft, deren öffentliche Institutionen mitunter versagen, und zwar total. Der Dienstweg ist in Rom der längste Weg, wer ohne persönliche Kontakte auszukommen hofft, der wartet oft vergebens. Es gibt abenteuerliche Fälle von Pfründen- und Vetternwirtschaft und von Behördenschlamperei, und es gibt Pläne für das Einschalten der Heizungen im Herbst und Winter unabhängig davon, welche Temperaturen herrschen. Jahrelang lässt ein Hausbesitzer die Dachterrasse nicht reparieren, obwohl im darunterliegenden Zimmer bei schwerem Wetter die Decke nässt. Erst der krasse Notfall bringt oft die Dinge in Bewegung, und für das Gesundheitswesen gilt nicht einmal das. Regelmäßig sterben Menschen, weil sie in Krankenhäusern nicht rasch genug die rechte Aufnahme finden. Germanenwitz in Rom: Wen ruft man als Erstes an, wenn man krank wird? Die Flugplan-Auskunft.

Aber das ist nur die eine Seite. Italien ist zugleich archaisch und modern, das Gegenbild des Schlendrians sind beispielloses Improvisationstalent und höchste Effizienz. Italien ist auch Fellini und Ferrari, und zu Rom gehört auch die Fixigkeit seiner Taxifahrer und seiner Kellner.

Rom liegt nicht nur geografisch auf halber Strecke zwischen der Lombardei und Sizilien, gleich weit entfernt von der Strenge des Nordens wie der Trägheit des Südens. Die Römer lieben die Leichtigkeit ebenso wie die Aufregung, und niemals verweigern sie die persönliche Anteilnahme (*»Ciao, Mario!«*) am Schicksal anderer Menschen. So erlebte es ein deutsches Paar, das ein geh- und sprachbehindertes Kind hat. Die deutsche Schule in Rom nahm es nicht auf, Sonderschulen gibt es nicht in Italien, und in eine Bewahranstalt, an die sie verwiesen wurden, wollten die Eltern ihren kleinen Sohn nicht geben. Nach aufreibender Suche brachten sie ihn in eine normale italienische Grundschule, und es geschah etwas völlig Unerwartetes: Seine Mitschüler herzten und hätschelten ihn, die Lehrer kümmerten sich hingebungsvoll um ihn, der Junge blühte auf und fühlte sich pudelwohl. Und er verfiel in Traurigkeit, als er wieder in rein deutsche Umgebung kam.

In Rom leben heißt, einzelne Menschen sehen mit ihren Vorzügen und Fehlern und die italienische Grundregel begreifen, dass die Ausnahme die Regel ist. Jährlich werden in Rom rund zwei Millionen Strafzettel wegen Verstößen gegen die Straßenverkehrsordnung verhängt, in etwa fünfzehn Prozent der Fälle sind die Verkehrssünder Polizisten, *carabinieri* oder Beamte der Finanzpolizei, die in Zivilautos unterwegs sind. Sie brauchen (*»Ciao, Mario!«*) die Bußen nicht zu zahlen, auch Behinderte und Kranke werden in der Regel befreit. Die Zeitung *L'Unità* teilt im Lokalteil täglich nicht nur mit, wann Mond und Sonne auf- und untergehen oder wie viele Tote und Hochzeiten es tags zuvor gegeben hat, sondern auch: wie viele Strafzettel wegen falschen Parkens verteilt und wie viele Autos abgeschleppt oder mit einer Bremsbacke blockiert wurden. Das gehört in Rom dazu.

Wer als Tourist in diese Stadt kommt, die Goethe als die Hauptstadt der Welt ansah, der sollte sich nicht grämen, wenn ihm ganz unpoetisch ein paar Bananen oder ein *cappuccino* zum dreifachen Preis angedreht werden. Es passiert jedem Fremden, zwei Japaner haben sogar für eine Taxifahrt vom Flughafen in die Stadt zweihundertfünfzig Euro gezahlt, das Siebenfache des normalen Preises.

Irgendwann erlebt man dafür etwas Wunderbares. Im Bus Nummer 85 ist einmal kurz vor Mitternacht auf der Via Tuscolana ein Kontrolleur zugestiegen, um die Fahrkarten zu prüfen. Ein junger

Mann, der keine hatte, brachte allerlei Gründe zur Entschuldigung vor. Da fragte der Kontrolleur in die Runde, ob jemand dem jungen Mann ein Ticket verkaufen könne. Der Jemand fand sich, der junge Mann bezahlte, entwertete den Schein im Ticketautomaten, der Kontrolleur beobachtete den Vorgang, und alle waren es zufrieden. *Ciao, Mario. Ciao, Roma!*

Angriff der Zentauren

Eine römische Straßenplage: die »motorini«

Man hört, mit Schmerz im Ohr, das helle Röhren, und weiß: nun wird gleich jemand um die Ecke biegen, ein halbwüchsiger Bursche mit schwerer Sonnenbrille und wehendem Haar oder eine fesch geschminkte Dame im Kostüm, und sie werden das Verkehrsgewühl mit ihrer irren Aura von Freiheit, Abenteuer und Unverschämtheit durchsetzen. Wer im Auto unterwegs ist, sollte bremsbereit sein und alle Himmelsrichtungen im Auge behalten, denn sie kommen von überall. Sie greifen an von hinten, von links und rechts, tauchen plötzlich auf der Gegenfahrbahn auf, drängeln sich in Lücken und sammeln sich vor Ampeln, um loszufetzen wie ein Hornissenschwarm, längst ehe grünes Licht erscheint.

Man nennt sie in Italien die Zentauren, denn Fahrzeug und Fahrer(in) treten auf als verwegene Einheit, wie die antiken Fabelwesen, deren Pferdeleib einen menschlichen Oberkörper trug. Der metropolitane Zentaur der Jetztzeit ist ein Mensch, dem ein motorbetriebenes Zweirad der Kategorie bis fünfzig Kubikzentimeter Hubraum anverwandelt ist. Solch ein Gefährt heißt im Deutschen Moped, im Italienischen *motorino*. Zwischen beiden ist ein Unterschied, so groß wie der zwischen deutscher und italienischer Lebensart. Es kommt auf den Gebrauch an, den man davon macht, und auf die Menge.

In Italien gibt es rund sechs Millionen *motorini*, weit mehr als in anderen Ländern, und die Hauptstadt Rom ist mit vierhundertdreißigtausend Einheiten auch die Hauptstadt der Zentauren. Dies verwundert nicht, denn in Rom ist das Wetter gut, die öffentlichen Verkehrsmittel sind völlig überlastet, und man kommt im ewigen Stau mit dem *motorino* viel rascher voran als mit jedem anderen Fahrzeug. Genutzt wird es deshalb nicht nur von Jugendlichen, die das Ding extrem cool finden, sondern auch von Damen im Kostüm und Herren im Anzug.

Mopedfahren ist in Italien ein Massenphänomen, und Mopedfahrer nehmen sich unverbürgte Vorrechte heraus. Rom etwa scheint seine Zentauren zu besonderer Wildheit anzustacheln. Bei einem Test des Forschungsinstituts Censis gaben achtundfünfzig Prozent der befragten *Motorino*-Fahrer zu, auf dem Bürgersteig zu parken, sechsunddreißig Prozent nehmen trotz Verbots einen Beifahrer mit, und ein Viertel prescht unbesorgt auch in falscher Richtung durch Einbahnstraßen. Man hat's ja gewusst.

Unverfrorenheit wird indes mit Unbill vergolten. Roms Straßen sind voller Löcher, immer wieder stürzt ein Mopedfahrer hinein und verletzt sich, mitunter tödlich, eine Serie von Ermittlungsverfahren sind deshalb anhängig. Außerdem sind *motorini* von Dieben bedroht, fast jeder dritte Eigner ist seines Vehikels schon einmal beraubt worden. Auf dreißigtausend wird allein in Rom die Zahl der geklauten Mopeds geschätzt, die von kriminellen Organisationen mit falschen Papieren neuerlich in den Handel gebracht worden sind.

Zudem kann es den Zentauren kaum behagen, dass sie nun von der Umwelt- und Denkmalschutzorganisation Italia Nostra auch noch als Umweltverschmutzer ersten Ranges angeprangert werden. Sie erzeugen nicht nur einen Lärm, der das Geräusch der Autos durchaus übertrifft. Ein einzelner, womöglich gar frisierter Mopedmotor kann in der Nacht ein ganzes Stadtviertel aus dem Schlaf werfen. Außerdem stößt ein normales *motorino,* so sagt der Umweltaktivist Giovanni Puccioni, heutzutage drei bis vier Mal soviel Kohlenmonoxyd und Kohlenwasserstoff aus wie ein Auto mit Katalysator, weil die Zwei-Takt-Motoren der Mopeds das Benzin schlechter verbrennen. Eine geplante neue Norm der EU geht den Umweltschützern noch nicht weit genug.

Der zuständige Industrieverband sieht das anders und weist ebenso wie Daniela Monteforte, die Sonderbeauftragte der Kommune Rom für Zweiradfahrzeuge, darauf hin, dass *motorini* in der Stadt ja ihre Ziele viel schneller erreichen als Autos und drum auch weniger lang Abgase ausstoßen. Rom hat ihnen Parkplätze gebaut, stopft die Löcher auf den Straßen, plant Fahrradwege und verbessert das Bus- und Bahn-Netz in der Hoffnung, damit jegliche Motorisierung eindämmen zu können. Francesco Rutelli, den grünen Bürgermeister, hat man schon lange nicht mehr auf seinem *motorino* gesehen, mit dem er früher durch die Gassen brauste.

Es gibt inzwischen ökologisch aufgeputzte *motorini*, etwa mit Vier-Takt-Motor, und ihre Anschaffung sollte nach Meinung der Organisation Italia Nostra staatlich gefördert werden. Denn dass die Zentauren in Italien aussterben könnten, glaubt auch der Umweltschützer Giovanni Puccioni nicht: »Die Leute werden immer weiter motorino fahren.«

Königin mit dreigezinktem Zepter

Annas schöne, schwere Arbeit in der »trattoria«

Anna mit der dreigezinkten Gabel in der Hand am Herd – o du herrliches Italien. »Schau her«, ruft Anna, hebt die Pfanne von der Flamme und schwenkt sie, dass die Speckstreifen im zischenden Fett umeinandertorkeln. »Schweinebacke muss das sein, an der Luft getrocknet, nicht geräuchert, und kein Bauchspeck.« Nur Schweinebacke kommt in Frage, die aus den Abruzzen, die Aldo am Morgen draußen in Moricone aus dem Weinkeller geholt hat. Und diese Schweinebacke wird hier nicht auf Vorrat geschnitten, sondern saftig heruntergesäbelt bei jeder Bestellung, die die Schwiegersöhne aus der Außenwelt in die Küchenhitze rufen.

Anna, gut gelaunt wie immer, ist dabei, die circa hundertsechzigtausendste Portion ihrer berühmten *spaghetti alla carbonara* zuzubereiten. Das Ei ist schon geschlagen, ein Ei aus dem eigenen Hühnerstall. Mit dem Sieb hebt sie die *spaghetti* aus dem Wasser, lässt sie auf die Schweinebackenstreifen gleiten, rührt um, wirft Pfeffer darüber und mischt, die Pfanne frei in der Luft haltend, das Ei darunter. »Wichtig ist, dass es nicht gebacken wird.« Schaumig hat das Ei zu bleiben, rutschen soll die *carbonara*, wenn der Käse draufgerieben wird. »Man muss den richtigen Augenblick finden«, ruft Anna, blickt herüber, hebt die Gabel, lacht.

Diese Gabel: Drei lange Zinken hat sie, das ist wichtig, zweigezinkte Kochgabeln lehnt Anna ab. Und wenn der Herr Redakteur vom Linksblatt *l'Unità*, der da im dunklen Anzug und mit weißem Hut zur Küche hereinschaut und »Guten Tag, Königin« ruft, mit seiner Anrede nicht völlig daneben liegt, dann ist die dreigezinkte Gabel das Zepter, mit dem Königin Anna in dieser Küche im silbrigen Glanz der Stahlverkleidungen regiert. Draußen aber, über den Tischen, herrscht König Aldo, die gelbe Serviette geschultert, die Schürze vorgebunden, die Brille baumelt vor der Brust an einer Schnur.

Einundsechzig Jahre alt sind Aldo Bravi und Anna Desideri, und seit ihrer Hochzeit vor vierzig Jahren spielt ihr Leben unter den Gewölben der Trattoria Pommidoro im touristenfernen Stadtteil San Lorenzo, der in Rom zwischen dem Hauptbahnhof und dem Zentralfriedhof liegt. Sie haben den Pommidoro, von Aldos Ahnen ererbt, zu einem Qualitätsbegriff römischer Traditionsküche gemacht. Man isst dort nicht nur ausgezeichnet zu normalen Preisen, sondern hat auch teil an einer bunt gemischten Gesellschaft, die als Netz von Freundschaften um die Wirtsfamilie geknüpft ist. Eine Schaubühne italienischer Lebensart tut sich auf an der von parkendem Blech beengten Piazza dei Sanniti – verheißungsvolles Ziel für eine Reportage-Expedition in das Innere eines Esslokals, von dem man sonst nur das Äußere und die Erzeugnisse wahrnimmt.

Auf die Küche kommt es an, diesen Ort der unzählbaren Wiedergeburten, dessen Lebenshauch die Hitze ist. »Komm mal her«, ruft Anna und winkt. Auf dem Herd sind alle acht Gasflammen aufgedreht, vier für das ständig kochende Wasser der verschiedenen Nudelsorten, vier für die Saucen und das Fleisch. Tritt man hin zu diesem Arbeitsplatz, zuckt man zurück vor der schmerzenden Feuerglut. Anna erwehrt sich ihrer Anfechtungen, indem sie literweise Wasser trinkt und öfters einen scherzhaft abgetönten Seufzer der Beschwernis ausstößt. Aber könnte es nicht mehr sein als einer ihrer Scherze, dass ihr Gesicht so völlig faltenfrei geblieben sei, weil es so intensiv im fetten Dunst gebadet wird? Auch Signora Ciampi, die Gattin des Schatzministers, der hier isst, hat unlängst ihren Teint bestaunt.

Anna kocht im fröhlichen Bewusstsein, dass sie eine hohe Kunst ausübt. Hätte sonst der Chef einer Kochschule aus New York sie filmen lassen, wie sie ihre *carbonara* macht? Wäre sonst das Lokal jeden Abend voll? Und würde Anna sonst sich täglich außer sonntags in diese Hitze stellen, vom Vormittag bis in die Nacht? »Ich weiß nicht, woher sie all die Kraft nimmt«, sagt Aldo. »Anna ist ein Motor, der nie anhält.« Und jeden Abend wird der Motor auf höchste Tourenzahl gejagt, wenn hundert Gäste an den Tischen sitzen, wenn die Kellner laufend neue Ordres in Annas Flammen-Baldachin hinüberschreien.

Der Pommidoro ist ein klassischer Familienbetrieb, wie es sie in Italien zu Hunderttausenden gibt. Kellner sind Aldos und Annas Schwiegersöhne Amedeo, Mario und Valentino. Mittags hilft auch Tochter Dina, abends springen bei Bedarf auch deren Schwestern Sandra und Rossana ein. Es bedienen ferner Toni, ein Neffe Marios, und Livio, der ein Cousin Amedeos und ein Schwager Marios ist. Und Benito, der im offenen Kamin über Holzkohlenglut die Steaks und Fische brät, ist ein Onkel Amedeos. Aldo, der *padrone*, ist der Libero. Hier nimmt er Vorbestellungen entgegen, empfängt die Gäste, schneidet Spanferkel auf; dort füllt er Wein ins Fass, putzt Muscheln, hackt Ochsenschwänze klein, sitzt am Schreibtisch. Nur Aldo und Mario stellen Rechnungen aus, nur Aldo und Amedeo schneiden Schinken auf, und zwar von Hand.

Als Küchenhelfer sind Zamir und Ardian eingestellt, zwei junge Albaner. Ardian wäscht Geschirr, richtet Röstbrot mit Tomaten her und geht den Kellnern bei den Nachspeisen zur Hand. Zamir schafft Fleisch herbei, schlägt Eier für die *carbonara*, spickt Meerestiere auf die Grillroste, streut Sägemehl am Boden aus und springt behände ein, wo immer eine Lücke klafft. Zamir hilft Anna, die Bestellungen der Schwiegersöhne lauthals zu memorieren, und Zamir ist der Einzige, der an die Töpfe darf. Denn eigentlich herrscht Anna dort allein und unumschränkt. »Ich muss frei sein können«, sagt sie. Als sie vor dreißig Jahren ihre Tochter Rossana gebar, stand Anna noch am Abend vor der Entbindung am Herd – und am Tag danach schon wieder.

Die Köchin blüht geradezu auf im Stress, nie

würde man vermuten, dass sie einmal wegen Herzbeschwerden sieben Jahre ausgesetzt hat; damals war der Pommidoro vermietet und verkam. Heute zeigt nur ein Furunkel an Annas Stirn, wie Stress verwunden kann, wenn die Stunde der größten Anstrengung gekommen ist. Abends gegen zehn, wenn im Hauptlokal, im Keller und auf der *piazza* kein Stuhl mehr frei ist; wenn der Hunger der Erwartungsvollen wie eine Brandung an den spiegelblanken Küchentisch heranrollt; wenn jeder an jedem Tisch eine andere *pasta* bestellt – dann ballt sich die Anspannung, erzittert die Küche im schöpferischen Chaos. Dann kommt es vor, dass für den Bruchteil einer Minute neun Menschen gleichzeitig den Raum zwischen Eingang, Spüle, Herd und Kühlschränken füllen; dass Valentino Brot schneidet und Amedeo mit blanker Hand Salat mischt; dass Ardian Öl zapft und Zamir Teller in den Lift zum Keller schiebt; dass Mario nach Gläsern klaubt, Livio nach Rouladen ruft und Toni vor dem Ventilator Kühlung sucht; dass Aldo Schwertfisch zerteilt und Anna mit dem Dreizack im grünen *sugo* rührt, dessen Rezept sie nicht verrät.

Wer da die verwegene Idee hatte, man könnte als Reporter einmal mitarbeiten in dieser Küche, Auberginen schneiden und Zucchiniblüten putzen, der kapiert rasch, wie sehr dies eingreifen würde in die Rhythmen einer eingeübten Gemeinschaft, deren aufgepeitschte Energien sich ständig neu zu einem neuen Wimmelbild zusammenfügen. Es ist schon aufregend genug, mitschwitzend ein paar Tage zwischen Abfalltonne und Küchenwaage auszuharren und hineinzusehen in das bebende Universum. »Schau hier, zum Kosten«, ruft Anna und reicht *tagliolini* mit Tintenfisch-*Sugo* herüber. Und danach *fettucine* mit Gemüsesauce. Und eine Gabel Rindsgeschnetzeltes. Und Wildschwein. Und Bries. Und Kutteln. O Santa Trattoria, schön ist dieses Leben, doch es ist auch hart.

Sie wissen es. Ja, »es ist ein zu großes Opfer«, sagt Mario, als sich nach Mitternacht die Kellner und die Küchenhelfer mit *bucatini all'amatriciana* zum Essen setzen. Schichtarbeit heißt Verzicht, wer im Restaurant beschäftigt ist, kommt nicht ins Kino, geht nicht aus, sieht selten einmal fern. »Es fehlt die Freiheit«, hat Anna gesagt, als sie und Aldo nach der Mittagsschlacht draußen unterm Sonnenschirm mit dem jungen Paar aus Neapel plauderten. Ach, Neapel. Ein einziges Mal war Anna dort, auf der Hochzeitsreise. Von Rom, der Stadt, in der sie lebt, hat sie weniger gesehen als ein Drei-Tage-Tourist, »das tut mir weh«. Im Petersdom war sie zuletzt als Fünfzehnjährige. Nie in der Oper, nie französisch gegessen, »und vielleicht bin ich die einzige Frau, die nie ein langes Kleid angezogen hat, um auf ein Fest zu gehen«, sagt Anna.

Dennoch nimmt sie wie Aldo und die anderen teil an Geselligkeiten, um die mancher sie beneidet. Immer war der Pommidoro ein Lokal, in dem alle Klassen willkommen waren, die Arbeiter des Viertels, die Professoren der nahen Universität, die Künstler aus dem Atelierhaus gegenüber. Im Pommidoro isst Ceccio, der Anstreicher, der mal im Gefängnis Regina Coeli einsaß, so gut wie Angelo, der Biologieprofessor, und Claudio, der Fotograf. Alles Freunde, *amici*. Nette Gäste gehören bald zur Familie, wie Christian, der Münchner Fotograf vom Atelierhaus drüben, der sogar nach Mitternacht noch zu essen bekommt.

Sind die Bestellungen verebbt und die Gasflammen herabgedreht, hocken Anna und Aldo sich hinaus vor die Tür oder zu den Freunden an den Tisch. Jeder Tag bringt Begegnungen, Wiedersehn mit den *amici*, die sich für Annas Tafelfreuden mit Gefälligkeiten revanchieren. Wie viele *amici* haben sich nicht eingesetzt, um den zuständigen Dezernenten der Stadt zu überzeugen, dass Aldo nun endlich die Genehmigung für eine wetterfeste Überdachung der Lokalfläche auf der *piazza* braucht! Und wie hat erst der *amico* Medizinprofessor geholfen, der gestern in die Küche kam und Anna begrüßte. Heute Mittag hat er ihr einen Klinik-Termin freigehalten, um ihr Bandscheibenleiden zu untersuchen und ein Pflaster aufzukleben, umsonst und blitzesschnell, weil Anna ja zurück zum Herd musste. So funktioniert Italien, und anders funktioniert es nicht; anders hätte Anna Monate gewartet und einen Tag verloren.

Ja, es hat seine schönen Seiten, das Trattoria-Leben. Beispielsweise wirft das Lokal ein schönes Geld ab. Aldo und die Schwiegersöhne fahren allesamt Mercedes, auch aus Wertschätzung für deutsche Art und Arbeit, wie er sagt. Die Familie besitzt ein paar Immobilien in Rom, Häuser und Geschäftslokale in Annas Heimatdorf Moricone draußen im Sabiner-Land, und wenn Aldo, der Jäger, sich für fünftausend Euro einen Jagdhund kaufen möchte, ist das finanziell kein Problem.

Die eigentliche Genugtuung aber ist etwas anderes, sagt Aldo, während er an einem der Tische auf der *piazza* die eben eingetroffenen Steinpilze aus Kalabrien säubert. Dass man Anerkennung bekommt; dass eine Zeitschrift das Lokal empfahl; dass der spanische Regisseur Pedro Almodóvar, ein *amico,* im Fernsehen vom Pommidoro sprach; dass TV-Stars zum Essen da waren, auch der Komiker Benigni und der Verleger Einaudi. Der Uni-Rektor kommt, der Bezirkspräsident, ein paar Politiker, berühmte Künstler wie Nunzio und Pizzi Cannella. »Wenn ich diesen Beruf nicht hätte, dann würde ich in meinem bescheidenen Leben diese Leute nie treffen«, sagt Aldo. »Wenn einmal Helmut Kohl in Rom wäre und zum Pommidoro käme – da würde ich mich aufpumpen!«

Früher war auch der Dichter und Filmer Pier Paolo Pasolini regelmäßig zu Gast, oft hat Aldo mit ihm geplauscht. Einmal brachte er Maria Callas mit. Und 1976, am Vorabend seiner Ermordung, aß Pasolini im Pommidoro wie üblich Beefsteak mit Mozzarella; der Scheck, mit dem er zahlte, elftausend Lire, hängt bis heute eingerahmt am Kücheneingang.

Solch ein Souvenir entschädigt für Strapazen, die nie enden. Es ist ja nicht vorbei, wenn nachts um halb zwei der Rollladen der Eingangstür zu Boden rasselt und die Schwiegersöhne die Mercedes anwerfen. Während sie die dreiundvierzig Kilometer hinausfahren nach Moricone, wo sie alle wohnen, während Aldo auf dem Rücksitz kurz einnickt, ist ein Gewährsmann schon unterwegs zum Schlachthof, um frisches Lammgedärm zu holen. Angekommen auf dem Landgut, das Aldo und Anna sich außerhalb Moricones auf fünf Hektar grüner Einsamkeit errichtet haben, füttert Aldo noch im Lampenlicht die Hunde im Zwinger, und Anna schaut nach der Voliere, in der sie bunte Vögel hält, zehn Pfauen darunter.

Moricone ist Heimat, Flucht- und Ruhepunkt, auch Rohstoffbasis. Aldo hat hier draußen den Wein gepflanzt, den er im Pommidoro ausschenkt, von hier kommt das Öl, hier wachsen die Desserts auf Bäumen: Birnen, Feigen, Pfirsiche oder Kirschen. Ardian und Zamir, die beiden Küchenhelfer, pflücken das Obst am anderen Morgen, schütten den Hühnern die mitgebrachten Essensreste aus dem Pommidoro hin, sammeln die Eier aus den Nestern, zapfen Wein. Beim Bäcker im Ort haben sie schon einen Sack frisches Brot geholt, Aldo hat Fisch bestellt am Telefon, und Anna füllt eine Waschmaschine, die sie erst nächste Nacht leeren wird; gebügelt wird am Sonntag.

Kaum sechs Stunden hat die Ruhe gewährt, schon ist ein neuer Arbeitstag im Rollen, schon sitzen wir wieder im Mercedes Richtung Rom, unterwegs zum Großmarkt in Santa Lucia, um kistenweise Salat, Gemüse und Kräuter zu laden. »Das ist mein Moment der Entspannung«, sagt Anna, während sie auf dem Beifahrersitz die Zeitung entfaltet. Und Aldo, jetzt am Steuer, knurrt: »Ich habe keinen Augenblick Freiheit.«

Aldo hat, kaum dass der Rollladen des Pommidoro wieder hochgezogen ist, zu tun mit Lieferanten. Die Lämmer aus dem Molise treffen ein, das Schweinefleisch, Kaffee, Mineralwasser, gereinigte Tischdecken. Aldo kontrolliert alles, man muss auf der Hut sein »in diesen unehrlichen Zeiten«. Vom *Pasta*-Lieferanten verlangt er, dass der die Nudeln in einem besonderen, unüblichen Maß schneidet, damit er ihm keine Reste von gestern andrehen kann. Und bezahlt wird sofort in bar, damit es hinterher keine Händel gibt.

Es geht auf elf, Anna wirft die Gasflammen an, greift zur dreigezinkten Gabel, bereitet Saucen vor. Tochter Dina putzt Zichorie, Zamir schneidet Zucchini klein, Aldo steckt Lamminnereien auf den Grillspieß und wickelt Lammdarm darum, *pajata* heißt diese Spezialität.

Schwätzen wir von Familienangelegenheiten. Wie läuft das im Familienbetrieb? War kein bisschen Ernst dabei, als Amedeo gestern scherzte, die Schwiegersöhne würden sich am liebsten auf und davon machen? Wer bestimmt in der Familie, ist Aldo der große Patriarch?

O, welch Grinsen überläuft da die Gesichter der beiden Frauen. Anna wedelt verneinend mit dem Zeigefinger, und Aldo fällt lachend ein: »Sie hat mehr Macht als ich, weil die Töchter immer auf ihrer Seite sind.« Nichts Genaues hört man nicht, Anna führt die Kasse, Aldo das Kommando, es kommt vor, dass aus der Küche lautstark seine Stimme dringt. Vermutlich muss man Italiener sein, um solch ein Familienleben in seinen tausend Tönungen zu fühlen. Jedenfalls sagt Aldo: »Ohne

Familienangehörige gehst du ein mit einem solchen Betrieb, das ist ein anderer Geist.« Jedenfalls meint Mario: »Besser in der Familie arbeiten als unter einem Chef.« Und jedenfalls berichtet Amedeo, dass die Großfamilie im August, wenn der Pommidoro Sommerpause macht, gemeinsam in Urlaub fährt, letztes Jahr nach Griechenland, *amici* waren auch dabei, im ganzen sechsunddreißig Personen. »Entweder sind wir verrückt oder wir mögen uns gerne«, sagt Amedeo. Dieses Jahr geht es nach Sardinien.

Dina schnippelt Bohnen, Aldo hackt nun Rindersteaks, und Anna richtet einen Kalbsrollbraten her. »Schau her«, ruft sie. »Es muss das Rückenstück vom Kalb sein, die Rippen werden ausgebeint.« Man nehme also Karotten, Schweinebacke, Sellerie, gekochte Eier und Butter, lege dies auf dem Rückenstück längs in einer Reihe aus, würze mit Pfeffer, Salz und Rosmarin. Sodann wird die Füllung in den Fleischlappen eingewickelt und verschnürt. Anna packt die dreigezinkte Gabel, dreht die Flamme auf, die Hitze wallt, das Fleisch kommt in den Topf. Bald wird Aldo wieder die Serviette schultern, ein Schwiegersohn wird die erste Portion *spaghetti alla carbonara* ordern, gegen Abend werden Anna und Aldo ein Stündchen vor dem Fernseher dämmern, und dann wird es wieder Nacht.

Anna zieht die weiße Schürze und die Haube aus, die sie seit dem Morgen trägt. Den Dreizack hat sie fortgelegt, die Flammen gelöscht, längst ist das Rattern des Kreditkartengeräts und das Klappern der Geschirrwäsche verklungen. Wie immer und noch immer ist Anna gut gelaunt, als schöpfte sie aus ihren Töpfen schiere Lebenslust und Kraft. Sie hat vorhin Benito mit einer Melonenschale verfolgt und grinsend ein Schlagerchen geträllert: »Das Leben ist ein Paradies der Lügen.« Da durfte Aldo sich gefoppt fühlen: »Er hat mir ein schönes Leben versprochen, und jetzt das hier.« Und nun, Anna? Nicht müde nach der Schlacht? »Nein«, sagt Anna und lacht, »jetzt würde ich tanzen gehen.« Und hat den ganzen Tag noch nichts gegessen als ein Stückchen Fisch.

Immer Anschluss unter dieser Nummer

In der Messe, auf der Dampfwalze, beim Friseur: das »telefonino«

In Italien nennt man das Ding *telefonino*, und es läutet überall. In einem Dorf bei Genua hat vor einigen Jahren der Pfarrer seine Sonntagsmesse zelebriert, als die Gläubigen unversehens bemerkten, dass vom Altar ein schrilles Klingeln drang, das keineswegs von den Schellen der Messdiener herrühren konnte. Der Priester, unruhig geworden, ließ von seinem heiligen Ritus ab, nestelte am Messgewand herum, arbeitete sich vor bis in die Taschen der Soutane und zog daraus ein kleines Telefon hervor. Er schaltete es ein und sagte: »Pronto.« Das sagt man in Italien immer, wenn man angerufen wird, um kundzutun, dass man bereit ist zum Gespräch.

Nach Angaben von Augenzeugen sprach der Geistliche nur ein paar aufgeregte Worte in die Muschel und steckte das *telefonino* rasch wieder in die Tasche, um in der Messe fortzufahren. Es gab indes fromme Zuschauer, die am profanen Vorgang Anstoß nahmen und eine örtliche Katholikenzeitschrift ins Bild setzten, sodass der Vorfall eine öffentliche Erörterung nebst Ermahnung für den Pfarrer nach sich zog. Natürlich war es diesem peinlich, und natürlich war nicht mehr passiert, als dass dieser vergessen hatte, das *telefonino* für die Dauer der Messe abzuschalten.

Indes belegt das Ereignis, dass in Italien das schnurlose Mobiltelefon allmählich in die letzten Winkel des Landes vordringt. Was sich in Deutschland unter dem merkwürdigen Begriff Handy eingebürgert hat, ist südlich der Alpen schon etwas länger im Schwange und stieß in den vergangenen Jahren noch immer auf eine Nachfrage, mit der Italien alle anderen Länder Europas hinter sich lässt.

Wie alles in Italien, so ist auch diese Zeiterscheinung vor aller Augen sichtbar ausgestellt. Auch in Rom hört man es allenthalben aus Hand- und Gürteltaschen fiepen, und dauernd trifft man auf Damen und Herren, die aus dem Apparätchen die Antenne ziehen, den Knopf drücken und »Pronto« sagen: im Bus und auf dem Moped sitzend, durch Pflastergassen schreitend, im Auto, beim Friseur, im Restaurant und auf dem Petersdom. Selbst auf der Dampfwalze hört man den Walzenfahrer in die Röhre flöten, und auf dem römischen Flughafen Fiumicino endet kein Inlandsflug, ohne dass im Ausrollen der Maschine diverse geschäftige Herren zum *telefonino* greifen, um der Geliebten respektive Ehefrau respektive Sekretärin ihre Landung mitzuteilen. Im norditalienischen Vicenza soll ein Priester gar im Beichtstuhl einen Anruf beantwortet haben, was wiederum eine Gläubige verärgert einer Zeitschrift steckte. Es war die Frau, die gerade ihre Sünden aufgesagt hatte.

Die Italiener und ihr *telefonino* – es ist eine Passion, die den praktischen Nutzen des Mobilfunks weit hinter sich lässt. Nicht, dass nur in Italien das Handy ein Prestigeobjekt wäre, das Zeichen davon gibt, dass sein Eigner eine bedeutende Persönlichkeit der Gegenwart mit bedeutenden Aufgaben und Verbindungen ist. Aber in Italien wie in anderen Mittelmeerländern ist die unbefangene Zurschaustellung eigener Wichtigkeiten ausgeprägter als in Nord- und Mitteleuropa. Angeberei ist keine Schande, Bescheidenheit ist eine kleine Zier, man lebt auf der großen *piazza* und wird gesehen, und allzu ernst wird sowieso überhaupt nichts genommen.

Zudem sind Italiener nun einmal gesprächiger als Mecklenburger. Schwatzen ist ihnen Ausdruck von Lebenslust, es muss nicht immer Tiefsinn sein, Hauptsache, jeden Tag wird (wichtig, wichtig!) die *mamma* angerufen. Anders gesagt: Die italienische Kommunikationsfähigkeit ist außerordentlich hoch entwickelt. Wie sollte es in einem solchen Lande anders sein, als dass unentwegt die Telefone und die *telefonini* in Betrieb sind?

Es hat in den Sommermonaten schon Zeiten gegeben, da war der drahtlose Verkehr so wild, dass in Ferienorten wie Taormina auf Sizilien oder Riccione an der Adriaküste mit *telefonino* stundenlang kein Durchkommen war. Zu viele Handy-Eigner waren in diesen Touristenzentren versammelt, die Netze waren hoffnungslos überlastet. Ein Boom ohnegleichen kam in Gang, und die Experten schätzen, dass Italien zu den am besten mit Handys versorgten Ländern der Erde zählt.

Wo so viel in Bewegung ist, sind meist auch die

Ganoven nicht weit. Sie fanden einen Weg, *telefonini* gewissermaßen zu klonen, sodass ihre Gebühren postalisch einem ahnungslosen Fremden auf der astronomisch angewachsenen Rechnung verbucht werden.

Manchmal aber wird es auch Italienern zu viel. In der Abgeordnetenkammer in Rom zum Beispiel hat 1995 die damalige Parlamentspräsidentin Irene Pivetti den Gebrauch von *telefonini* während der Plenarsitzungen untersagt, das ewige Gebimmel störte die Debatten zu sehr. Und in dem Dörfchen Gaiana bei Parma hatte vor einiger Zeit wieder eine fromme Katholikin Anlass zur Beschwerde bei der Presse. Auch dort erhielt ein Pfarrer, während er einen Gottesdienst feierte, einen Anruf, schaltete das *telefonino* ein und sagte: »Pronto.« Es war bei einer Beerdigung.

Ratten in der Cloaca Maxima

Ein Heim für Tiere: die Ruinen der Antike

Die Ratten waren wieder da, und Alfredo Battisti, ein Gewerkschaftssekretär, gab als erster Alarm. »Unerträglich ist die Lage für die Bürger geworden«, erklärte er. Mitunter könne man nicht einmal mehr seinen Müll zur Abfalltonne bringen, weil diese von den fetten Nagern regelrecht belagert werde. Im Trullo, einem der einfachen, neueren Wohnviertel im Südwesten von Rom, brach deshalb im Frühjahr 1997 ein kleiner Aufruhr aus.

Es waren dort nach Auskunft von Polizeibeamten Ratten von zwanzig bis dreißig Zentimeter Länge gesichtet worden, einzelne Exemplare sollen sogar die Größe einer Katze erreicht haben. Sie tummelten sich im Abfall und in den Kanälen, auch über die Straße konnte man sie huschen sehen. Eine zweiundachtzig Jahre alte Frau wurde, als sie die Stiege fegte, in die Wade gebissen. Man musste sie gegen Tollwut impfen.

Rom hat Ratten zuhauf, die zuständige Dienststelle der Stadtverwaltung schätzt sie auf mehrere Millionen. Es gibt sie nicht nur in den Außenvierteln, jenen sogenannten *borgate*, die in den fünfziger und sechziger Jahren ohne Planung und deshalb ohne ausreichende sanitäre Einrichtungen und Infrastrukturen von Spekulanten und profitgierigen

Bauunternehmern aus dem Boden gestampft wurden. Ratten gibt es auch in der Innenstadt, etwa an der viel besuchten Piazza Navona oder am Campo de' Fiori, ebenso im Stadtteil Trastevere oder am Äsquilin, einem der sieben historischen Hügel von Rom. Sie finden sich außerdem in der Cloaca Maxima, jenem Abwasserkanal am Forum Romanum, der zu den ersten Bauwerken des alten Rom gehörte und nach zweieinhalb Jahrtausenden noch immer gute Dienste leistet.

Überhaupt sind die umgrünten Ruinen der Antike und die weitläufigen Parks, die im Barock und in der Renaissance um prachtvolle Adelssitze wie die Villa Borghese oder die Villa Ada entstanden, Lebensraum für eine Vielzahl von Tieren und Pflanzen, die anderswo längst nicht mehr im Herzen der Millionenstädte anzutreffen sind. Milzfarn, Knabenkraut und Kapernstrauch koexistieren bestens mit Säulentrümmern. Im Kolosseum nisten Falken, anderswo haben Schleiereulen, Dohlen und Kuckucke eine Heimat gefunden, und im Park der Villa Doria Pamphili jagt des Nachts, wenn endlich die Hunde und die Jogger verschwunden sind und wenn die Wächter auch die letzten Menschen ausgesperrt haben, der Fuchs.

Auf der Piazza Navona und auf der Piazza del Popolo wurden auch schon Schlangen gesichtet. Und selbst im Tiber, mag er noch so dreckig und vergiftet erscheinen, rührt sich Leben. Aale, Meeräschen, Karpfen und Schleien tummeln sich noch in seinen Wassern, Möwen, Reiher, Kormorane und Mehlschwalben säumen seine Ufer, wenn auch nicht unbedingt in der Innenstadt. Jedes Jahr in Herbst und Winter ziehen überdies bestimmte Stadtregionen wie der Bahnhof Termini oder das an den Vatikan grenzende Viertel Prati gewaltige Heerscharen durchreisender Stare an, die in wogenden, fließenden Formationen den Himmel verdunkeln und verzieren. In einigen Straßen lassen sie derart viel Kot ab, dass länger parkende Autos bis zur Unkenntlichkeit verdrecken und eingeätzte Lackschäden erleiden.

Dass Rom nicht nur den Reisenden aus aller Welt, sondern auch den Tieren ein lieber Ort ist, kann nicht verwundern, wo doch der Gründungsmythos der Stadt eine Wölfin in den Rang der Ahnherrin eingesetzt hat. Nicht weniger als hundertfünfundvierzig verschiedene Arten finden sich innerhalb des großen Autobahnrings, davon hundertundeine Vogelarten, wie 1997 das Städtische Amt für die Rechte der Tiere bilanzierte.

Ins Auge drängen sich vor allem die Katzen. In Kohortenstärke räkeln sie sich auf sonnenwarmen Tempelstufen; kein Hinterhof, in dem man sie nicht dösen sähe. Die Behörden schätzen ihre Zahl auf etwa dreihundertsiebzigtausend, von denen rund hundertsiebzigtausend außerhalb menschlicher Obhut in etwa vierhundertachtzig Kolonien in der Stadt im Freien leben.

Sie sollen sich nützlich machen. Aus Geldmangel hatte man 1994 amtlicherseits die Bekämpfung der Rattenplage mit giftigen Lockspeisen durch städtische Kammerjäger erheblich eingeschränkt. Auch dies ist ein Grund, warum sich die Tiere seither wieder beachtlich vermehrten. Sie sollen nun auf natürliche Weise in die Schranken gewiesen werden. In die befallenen Quartiere hat die Stadtverwaltung ein paar Kolonien streunender Katzen versetzt.

Samariter, die auch Diplomaten sind

Eine Bürgerinitiative all' italiana: die Gemeinschaft von Sant' Egidio

Einer hat unversehens die Gitarre hergeschafft, und Nello, der Philosoph, hat nun zu schweigen. Eine Viertelstunde lang hat er salbadert, hat skurrile Wortspiele von sich gegeben und, von seinem Klappsitz in die Runde grinsend, gesagt: »Die Liebe zu verstehen, ist sehr, sehr schwierig.« Luigia streicht ihm über die grauen Bartstacheln und lästert: »Mit dem Rasieren fängt es an.«

Nun greift einer in die Saiten, aus dem Feuerfässchen treibt der Qualm zu den Kartons und Matratzen hin, die um den Betonpfeiler der Hochstraße gestapelt sind, und Luigia singt. Ihre volle Stimme, ihre schwungvollen Drehungen und ihre herzhaften Witzworte verleihen ihr die Autorität von Personen, die in jeder Lage rasch zum Mittelpunkt jeglicher Gesellschaft werden, auch wenn sie so zwergenhaft klein sind wie Luigia. Auf dem Kopf trägt sie eine wilde Mütze, über den Schultern ein grelles Tuch, und vom Handgelenk baumelt ihr bonbonbunt ein Rosenkranz, als wäre es ihr Armband. Luigia singt das Lied von der schönen Römerin, und alle fallen ein in den Refrain, während hinter dem Betonpfeiler die Busse in die kalte Nacht fahren.

An den Dienstagabenden, an denen sie hier am

römischen Bahnhof Tiburtina den Obdachlosen etwas zu essen bringen, landen sie am Ende meistens bei Luigia, sagt Augusto. Neben Obst, belegten Brötchen und Kakao haben sie oft etwas Besonderes für sie dabei, neulich etwa die Geburtstagstorte, und an diesem Märzentag das Mimosensträußchen zum internationalen Frauentag.

Ja, es ist da jemand, der sich kümmert und der zuhört, wenn Luigia hinterm Betonpfeiler singt und wenn Nello, der Philosoph, vor dem Feuerfässchen von Sokrates und Plato spricht. Wenn Rita aus Kalabrien, die schon mehr als zehn Jahre lang am Tiburtina-Bahnhof lebt, über Schmerzen klagt. Und wenn Adelmo sagt, er habe so ein Ziehen in der Brust und im Arm, ein Infarkt womöglich, und zwei Finger seien lahm. »Komm am Dienstag in die Via Dandolo, zum Arzt«, sagt Augusto.

Via Dandolo, Haus Nummer 10 – diese Adresse ist allen Armen Roms und allen mittellosen Ausländern bekannt. Sie bekommen dort umsonst ein warmes Essen oder Kleidung, man hilft ihnen bei der Wohnungs- oder Arbeitssuche, sie können sich Bücher ausleihen, und dienstags stehen kostenlos zwei Ärzte bereit. Der Andrang ist gewaltig, Augusto und Guglielmo stehen an der Eingangstür und geben Eintrittskarten aus, kostenlos natürlich. Fragt man sie nach den Motiven ihres Tuns, dann spricht der eine vom barmherzigen Samariter und der andere vom Geist der Freundschaft.

Die beiden sind Aktivisten der Gemeinschaft von Sant' Egidio, einer Gruppe von Katholiken, die sich der Fürsorge für die Armen verschrieben hat.

Wie sie engagieren sich in Italien auch andere Menschen zu Hunderttausenden in gemeinnützigen Projekten, und zwar unentgeltlich. Abseits allen politischen Getöses und der Skandale um Mafia und Korruption ist im Land binnen zwei Jahrzehnten eine breite Bürgerbewegung gewachsen, eine Zivilisation der Solidarität entstanden. In aller Stille hat sich ein anderes Italien formiert, das im Ausland kaum einmal wahrgenommen wird.

Volontariato nennt man das Phänomen. Dies bedeutet so viel wie freiwilliges Engagement und ist durchaus vergleichbar mit den (west-)deutschen Bürgerinitiativen der siebziger Jahre, freilich liegt in Italien der Schwerpunkt nicht auf Umweltfragen, sondern auf sozialen Problemen. Unentgeltlich arbeiten Zehntausende von Frauen und Männern etwa in Krankenhäusern, um die Missstände im Gesundheitswesen erträglicher zu machen. Andere sorgen für Alte und Behinderte oder säubern Strände vom Unrat, wieder andere widmen sich dem Denkmalschutz oder versuchen sich an der schweren Arbeit, Jugendliche von der Mafia fernzuhalten. Sie haben ein Netzwerk von etwa zehntausend Gruppen und Vereinen geknüpft, deren Dachverbände in Rom in großen Altbauwohnungen zwischen Pinnwänden, Flugblättern und Kopiergeräten hausen. Im Ganzen sind mehr als fünf Millionen Menschen, knapp ein Zehntel der Bevölkerung, dem *volontariato* zuzurechnen, etwa vierzig Prozent von ihnen sind religiös (und das heißt in Italien meist: katholisch) motiviert.

So auch die Gemeinschaft von Sant' Egidio, deren Identität mit der Zuordnung zum *volontariato* freilich noch nicht vollständig erfasst ist. Man muss nur einmal an irgendeinem Tag gegen 20.30 Uhr im römischen Stadtteil Trastevere zur schönen Piazza Sant' Egidio laufen, und wird dann aus den Seitenstraßen Frauen und Männer, die meisten im Alter zwischen dreißig und fünfzig Jahren, herbeieilen und in die kleine Kirche von Sant' Egidio strömen sehen. Jeden Abend treffen sie sich dort zu Gebet und Meditation, singen Psalmen und hören das Evangelium. Ein siebenarmiger Leuchter überstrahlt das Halbdunkel, Ikonen schweben, effektvoll ausgeleuchtet, im Raum. Nach einer halben Stunde schließen die Teilnehmer mit einem Lied und stehen danach schwatzend draußen auf dem Platz.

Sie sind wie eine Familie. Es gibt, sagt Cesare, »eine feste, verbindliche Brüderlichkeit«. Sie gründet auf die Bibel und sie manifestiert sich in der Arbeit für die Mühseligen und Beladenen, nicht nur am Heiligabend, wenn die Armen zum großen Weihnachtsessen geladen und in der Kirche von Santa Maria in Trastevere die Tische zum festlichen Bankett aufgestellt werden. Augusto und Guglielmo, Francesca und Anna Maria und all die anderen schwärmen jeden Dienstagabend aus zu Luigia und Adelmo und den anderen Obdachlosen an den Bahnhöfen von Rom und an anderen Treffpunkten. Serenella und einige Freunde fahren regelmäßig an den Stadtrand zu den Zigeunern. Rinaldo und die anderen betreuen alte Menschen, Cesare trifft sich regelmäßig mit Einwanderern aus Südamerika, und wieder andere helfen in der Via Dandolo Nr. 10, wenn dort die Ratlosen und die Hungrigen Schlange stehen.

Viermal in der Woche gibt die Gemeinschaft von Sant' Egidio dort in den Räumen einer aufgelassenen Druckerei ein warmes Essen aus. Es kommen jedes Mal rund tausendfünfhundert Menschen, Ausländer die meisten, aus etwa hundert Nationen, die meisten auf dem Balkan beheimatet. Achthundert Mahlzeiten zahlt die Stadt Rom, den Rest finanziert die Gemeinschaft aus Spenden oder Beiträgen der Mitglieder. Jeder Gast erhält drei Gänge, jeder wird von einem freiwilligen Helfer bedient wie im Restaurant. Brot reichen sie mit der Greifzange, es wird hier nicht geschlampt, denn das hat, wie Cesare sagt, etwas zu tun mit Würde und Respekt.

Man blickt in dieser Mensa in manches verschlossene, verängstigte Gesicht. Misstrauen malt sich auf den Mienen vieler, die auf langen Bänken in den Vorräumen warten oder die Liste studieren, die den Posteingang anzeigt. Doch gibt es da auch die alten Bekannten, die mit den Frauen und Männern von Sant' Egidio im Lauf der Jahre gut Freund geworden sind. Es gibt den fröhlichen alten Matrosen mit dem Rucksack, der mindestens drei deutsche Militärkommandos nachmachen kann, und den gesprächigen Punk-Freak, der als Armreif eine verbogene Essgabel trägt. Die Armbanduhr hat er auf dem Schuh befestigt, um mit der Zeit Schritt halten zu können.

Schritt zu halten mit den Lebensformen und Problemen der Moderne war stets auch das Anliegen der Gemeinschaft Sant' Egidio, von den Gründertagen an. Damals, in den bewegten Jahren 1968 ff. sahen sie sich als junge Christen, die »in der einen Hand die Bibel, in der anderen die Zeitung hielten«, wie Mario Marazziti sagt, der Sprecher der Gemeinschaft und Präsident der in Italien tätigen Gruppen. 1968 war ihnen nicht Fanal zur marxistischen Revolution, sondern zum Vorstoß an die Peripherie von Rom, in die unbekannte Welt der Armut, der geprügelten Frauen und der verwahrlosten Kinder. »Wir sind Söhne des Zweiten Vatikanischen Konzils«, sagt Marazziti, und nicht als Einziger nennt er immer wieder den Namen des Papstes Johannes XXIII., der mit jenem Zweiten Vatikanischen Konzil zwischen 1962 und 1965 den Anstoß zu einer inneren Erneuerung der katholischen Kirche gegeben hatte. »Wir wollten das Christsein als Laien ernst nehmen.«

Schüler eines feinen römischen Altstadt-Gymnasiums, des Liceo Virgilio, waren es, die 1968 die Gemeinschaft gründeten. Ihr Anführer Andrea Riccardi, 1949 geboren und heute Professor für Geschichte des Christentums in Rom, ist ein ungezwungener, offener Mensch, für den »unser Leben als Christen eine Reise in die Gegenwart« ist und in dessen Augen niemand, auch nicht die Comunità di Sant' Egidio ein Monopol auf die alleinige Wahrheit besitzt. Ein liberaler, weltoffener Geist weht in dem Verband, der sich gleichwohl als integralen Bestandteil der katholischen Kirche ansieht und seit 1986 vom Vatikan auch als internationale Laienorganisation anerkannt ist.

Es hat auch den Gründer Riccardi überrascht, dass aus der Urzelle am Gymnasium Virgilio inzwischen eine Gemeinschaft von etwa fünfzehntausend Menschen geworden ist, davon achttausend in Rom, fünftausend in anderen Orten Italiens und rund zweitausend in anderen Ländern auf allen Kontinenten. Auch in Deutschland gibt es Égidius-Gruppen, die größte arbeitet in Würzburg und trifft sich jeden Abend in der Marienkapelle am Marktplatz. Der Ausdehnung lag keine Strategie zugrunde, Andrea Riccardi hat keine andere Erklärung dafür, als dass es ein Bedürfnis danach gegeben habe.

Auch die quasi diplomatische Tätigkeit, die die Gruppe in den vergangenen Jahren entfaltet hat, war offenkundig so beschaffen, dass sie auf große Nachfrage stieß. Seit vielen Jahren schon steht die Gemeinschaft von Sant' Egidio im Dialog mit führenden Vertretern anderer Religionen, Moslems ebenso wie Juden oder orthodoxen Christen. Seit mehr als einem Jahrzehnt organisiert sie auch internationale Friedensgebete an verschiedenen Orten und schuf damit eine Plattform für vielfältige persönliche Begegnungen zwischen Angehörigen verschiedenster Kulturen. Seit Langem leisten Mitglieder der Gemeinschaft auch Hilfe in Ländern der Dritten Welt. Die Solidarität mit den Armen erfährt so ihre schlüssige Verlängerung in der Solidarität mit den armen Völkern, wie Riccardi sagt.

Aus derlei Kontakten bahnten sich Gespräche an, die Anfang der achtziger Jahre eine Verständigung zwischen Christen und Moslems über einige

Dörfer im Libanon zur Folge hatten. 1990 trafen sich in jenem mittelalterlichen Karmeliterinnen-Kloster namens Sant' Egidio, das seit mehr als zwanzig Jahren der Sitz der Gemeinschaft ist, Vertreter der verfeindeten Bürgerkriegsparteien aus Mosambik zu Friedensgesprächen. Der bärtige Professor Riccardi, der Priester Matteo Zuppi und zwei weitere Helfer fungierten als Vermittler; nach kraftzehrenden Verhandlungen, die zweieinviertel Jahre in Anspruch nahmen, kam ein Friedensvertrag zwischen Regierung und Guerilla zustande, und es endete ein Krieg, der sechzehn Jahre gedauert und eine Million Menschen das Leben gekostet hatte. Im Klosterhof von Sant' Egidio steht seither eine mächtige Bananenstaude, die den Gastgebern damals geschenkt wurde.

Der Erfolg war nicht im Alleingang zu erzielen, sondern nur in engster Zusammenarbeit mit dem italienischen Außenministerium und der katholischen Kirche in Mosambik sowie in stetiger Fühlungnahme mit dem Vatikan. Papst Johannes Paul II. war auf die Gemeinschaft Sant' Egidio schon 1978 bei einem Pfarrbesuch am Stadtrand von Rom aufmerksam geworden, der Kontakt wurde im Lauf der Jahre stetig herzlicher, und über Jahre hin lud der Papst aus Polen Andrea Riccardi zusammen mit Don Vincenzo Paglia, dem Pfarrer von Santa Maria in Trastevere und kirchlichen Generalbeistand der Gemeinschaft, zweimal im Jahr zum Essen ein. In jüngerer Zeit ist der immer noch jugendlich wirkende Professor, der zu seinen Werken auch ein Buch über die Macht der Päpste zählt, zudem mehrfach als Leitartikler im *Osservatore Romano*, dem Organ des Vatikan, hervorgetreten.

Diese Nähe zum Oberhaupt der katholischen Kirche hat der Rolle von Sant' Egidio zusätzliches Gewicht gegeben, wiewohl Andrea Riccardi die Journalistenformel von der »Paralleldiplomatie des Vatikan« keineswegs akzeptiert. Man entscheide frei über das eigene Vorgehen und frage den Vatikan nicht um Erlaubnis, halte ihn aber ständig auf dem Laufenden, sagt er.

Die Rechnung scheint aufzugehen, denn die Gemeinschaft von Sant' Egidio ist mittlerweile an einer ganzen Reihe von Krisenherden tätig geworden. Im Kosovo half sie eine Übereinkunft zwischen Serben und Kosovo-Albanern über das Schulwesen auszuhandeln. In Guatemala knüpfte sie Kontakte zur Regierung wie zur gegnerischen Guerilla und führte Vertreter beider Seiten in ihrem Kloster in Trastevere und an anderen Orten zusammen; mit Hilfe der UNO und anderer Organisationen kam schließlich im Dezember 1996 ein Friedensvertrag zustande, der einen fünfundzwanzigjährigen bewaffneten Konflikt vorerst beilegte.

Als diplomatische Pfadfinder engagierten sich die Idealisten aus Trastevere auch im früheren Jugoslawien, zu Gast in ihrem Kloster waren ferner führende Politiker aus dem von schweren Kämpfen und Hungersnöten geplagten Sudan. Der Konflikt in Angola veranlasste die Gemeinschaft ebenso zu diskreten Gesprächen wie die Stammeskriege in Burundi, deretwegen sich der frühere tansanische Präsident Julius Nyrere und der US-Diplomat

Howard Wolpe eine Zeit lang im Kloster Sant' Egidio aufhielten.

Andrea Riccardi und seine Freunde haben nicht nur das Wohlwollen des Papstes und das Lob des früheren UNO-Generalsekretärs Boutros Boutros-Ghali errungen, sondern weitere konkrete Ergebnisse erzielt, die auch die professionellen Diplomaten aufhorchen ließen. Anfang 1995 verständigten sich in Trastevere die Führer der verschiedensten Oppositionsparteien Algeriens auf eine gemeinsame politische Plattform für eine Lösung des blutigen Konflikts in ihrem Lande; die algerische Regierung freilich boykottierte die Zusammenkunft, das Morden hörte zunächst nicht auf. Im Juni 1997 unterzeichneten die Führer dreier verfeindeter Parteien Albaniens kurz vor der Parlamentswahl im Kloster von Sant' Egidio ein Fairness-Abkommen.

So erklärt sich, wieso in dem stillen, alten Konvent mitten in Trastevere seit Jahren in schöner Regelmäßigkeit hohe Politiker, darunter gar Staatspräsidenten, Regierungschefs und Außenminister zu Besuch sind und warum die gelegentlichen Empfänge im früheren Speisesaal von Sant' Egidio auch von den in Rom ansässigen Botschaftern und Journalisten gern besucht werden. Seit geraumer Zeit ist die tätige Gemeinschaft auch als Anwärter für den Friedensnobelpreis im Gespräch. 2009 erhielt Andrea Riccardi den renommierten Internationalen Karlspreis der Stadt Aachen.

Dass einer ihrer Aktivisten einmal unverbrämt seinen Stolz auf diese Anerkennungen und Leistungen äußert, ist freilich selten, ein Eigenlob wird man schon gar nicht hören. »Wir sind eine Versammlung von ganz, ganz gewöhnlichen Leuten«, sagt Mario. »Wir müssen etwas tun«, sagt Rinaldo. Man darf nämlich, wie Cesare meint, gegenüber all dem, was in der Welt geschieht, »nicht einfach gleichgültig bleiben«.

Eine Wohnung für einen Espresso

Die Auswüchse römischer Vetternwirtschaft

In Italien hat es bis vor Kurzem Leute gegeben, die für eine Tasse Espresso mehr Geld ausgeben mussten als für ihre Monatsmiete. Nicht deshalb, weil der Kaffee besonders teuer war, vielmehr waren manche Mieten besonders niedrig. Die Zeitung *La Repubblica* machte 1995 jedenfalls in der sizilianischen Hafenstadt Messina einen Menschen ausfindig, dessen Monatsmiete exakt sechshundertvierzig Lire betrug. Das waren damals knapp dreißig Cent. Nun gut, die Wohnung lag am Stadtrand, in keiner guten Gegend. In anderen Vierteln zahlte man immerhin für ein Appartement einen Euro achtzig oder bis zu dreiundzwanzig Euro. Freilich nur, wenn man Mieter bei der städtischen Wohnungsgesellschaft war.

Auch in Rom kann man billig wohnen, wenn man weiß, wie es geht. An der Piazza Navona etwa, einem der schönsten Plätze der Altstadt, entdeckten Reporter der Zeitung *Il Messaggero* 1995 eine Unterkunft, deren Inhaber dafür nur siebzehntausend Lire (knapp acht Euro) im Monat zu entrichten hatte: Neunundzwanzig Quadratmeter, ohne Bad und Heizung, aber mit Terrasse. Vermieter war die Stadt, und deshalb wurde der Fall zur öffentlichen Angelegenheit. Ein Skandal brach los, auf den Tisch kam »eine neue Variation eines alten Themas des italienischen Lebens«, wie der Star-Journalist Enzo Biagi meinte. Das Thema heißt: Miss- und Vetternwirtschaft, Korruption, Begünstigung, Klientelismus.

Eine Erblast drückt. Die Stadt Rom besaß wie viele andere Gemeinden Italiens bis Mitte der neunziger Jahre Tausende von Wohnungen und Gewerberäumen. Diese wurden in jenen Jahrzehnten, als die Christdemokraten und ihre Partner ihr allumfassendes Parteienregime ausübten, zum Teil abenteuerlich billig vermietet. Örtliche Politiker und Beamte konnten auf diese Weise massenhaft Verwandte, Parteifreunde, Anhänger und Spezis aller Art begünstigen – für Gegenleistungen, versteht sich. Wählerklientel wurde gehalten, vielfach floss auch Geld, und manchmal wurden einflussreiche Leute mit billigen Wohnungen günstig gestimmt, etwa leitende Angestellte, Richter, Journalisten und Politiker. Dabei standen, als die Angelegenheit 1995 zu einer der tausend italienischen Affären wurde, nicht nur städtische Wohnungen in Rede, sondern auch die vielen Tausend zum Teil sehr gut gelegenen und komfortablen Appartements, die sich im Besitz öffentlicher Einrichtungen wie der Renten- und Pensionskassen der einzelnen Berufszweige befanden.

Es kam zum Beispiel zutage, dass ein Begünstigter für zweihundertvierundzwanzig Quadratmeter nahe der Spanischen Treppe, in bester römischer Lage also, nur umgerechnet gut vierhundert Euro Monatsmiete zu zahlen hatte, wo der Marktpreis bei etwa dreitausend Euro gelegen hätte. In langer Reihe gab es dergleichen Dinge mehr, auch in Mailand und anderen Städten. Jeder Fall lag freilich anders, rabiate Mietpreisbindungen aus alter Zeit und hoher Aufwand für Renovierungen waren in Anschlag zu bringen, und nicht immer war eine günstige Miete der Beleg für einen großen Skandal. Es erregte indes beträchtliches Aufsehen, dass unter den Erwischten auch mehrere führende Politiker der Demokratischen Linkspartei waren, jener Nachfolgepartei der Kommunisten, die einst gegen derlei Günstlingswirtschaft besonders heftig gewettert hatte.

Von links betrachtet, hat die Sache ja noch eine zweite skandalöse Seite. Wo öffentliches Eigentum denen günstig überlassen wurde, die eigentlich keine Hilfe brauchten, waren die wirklich Bedürftigen die eigentlich Betrogenen. Und auch die Steuerzahler, in ihrer Mehrheit Lohn- und Gehaltsabhängige der unteren Klassen, hatten den Schaden, weil die Städte mit ihrer Misswirtschaft gigantische Haushaltsdefizite erzeugten, zumal noch manche Mieter über Jahre hin die ohnehin günstige Miete nicht einmal zahlten, und zwar folgenlos. »Sicher ist, dass für vierzig Jahre der Umgang mit dem städtischen Besitz eine Katastrophe war«, erklärte Roms Bürgermeister Francesco Rutelli, ein Grüner, der Ende 1993 ins Amt gekommen war. Seither sind in Rom eine Reihe städtischer Betriebe ebenso privatisiert worden wie zahlreiche Wohnungen und Ladenlokale. Auch manche Miete wurde erhöht.

Ein Silberschatz für Sisyphus

Wo die Münzen aus der Fontana di Trevi bleiben

Montags morgens wird der Schatz gehoben, so fängt der Ärger an. Die Stulpenstiefel, mit denen sich die Schatzsucher bewehren, reichen bis zum Oberschenkel und sind giftgrün. Breitbeinig durch das Becken watend, schieben zwei Männer mit einem Rechen, dem am Fuß statt eines Eisenkamms ein Gummibalg aufgepflanzt ist, all das vor sich her, was in diesem Brunnen nun einmal herumliegt: Münzen, Münzen, Münzen. Zwei andere Arbeiter klauben Münzen von Felsnasen und aus Grotten, ihr Chef sowie drei Polizisten sehen dabei zu. Dies ist ein hoheitlicher Akt. Wenn montags morgens in der Altstadt von Rom der Trevibrunnen von seiner sonderbaren Fracht befreit wird, dann gibt die Ordnungsmacht acht, dass kein einziger der vielen Tausend Silberlinge unerlaubt verschwindet. Auch wenn das manches vereinfachen würde.

Rot-weiß gestreifte Plastikbänder riegeln die engere Umgebung des Brunnens ab. Die Schaulustigen sind für drei Stunden auf Distanz gehalten. Doch unverdrossen tun sie auch in dieser Zeit, was ihnen die Legende dieses Ortes aufzuerlegen scheint. Sie nehmen, dem Bassin den Rücken zugewandt, andachtsvoll Aufstellung und werfen Münzen, Münzen, Münzen hinter sich. Dies gibt

Gewähr, dass man eines Tages nach Rom zurückkehrt. Ein Mythos wird so zu Materie und Masse, und säckeweise sind infolgedessen montags morgens Münzen, Münzen, Münzen abzufahren, vor denen später missgelaunt ein Mensch namens Luciano Rizza sitzen wird, zusammen mit zwei missgelaunten Kriegsdienstverweigerern.

Schuld daran sind die Deutschen, genauer: ein paar teutonische Schwärmer aus der romantischen Abteilung. Von den Erklärungen, die für den Ursprung des Münzenbrauchs gegeben werden, ist jedenfalls nach dem Urteil der Historikerin Lucia Traviani die wahrscheinlichste die, dass er vor gut hundert Jahren in der deutschen Kolonie zu Rom erfunden worden ist. Urheber soll der Archäologe Wolfgang Helbig gewesen sein, ein Lebemann, der zwar wissenschaftlicher Fälschungen verdächtig ist, aber jedenfalls Talent als Zeremonienmeister bewies. Er hat demnach, anknüpfend an antike Geldopfer in Flüssen oder Quellen, am Trevibrunnen eine Abschiedsgaudi für jene armen Landsleute kreiert, die Rom verlassen mussten und nichts so sehr ersehnten wie die Wiederkehr. Eine solche zu befördern, hatten sie am Abend vor der Abreise ein Glas Wasser aus dem Brunnen zu trinken und eine Münze hinter sich ins Bassin zu werfen, ein Geldstück übrigens, das außer Kurs war. Die Sache mit dem Abschiedstrunk war unlängst noch bei römischen Liebespaaren im Schwange. Der Brauch des Münzenwerfens wurde in den fünfziger Jahren durch einen Film wieder populär und wird heute offenbar rund um den Erdball in allen Rom-Reiseführern erwähnt, namentlich in japanischen. Der Japaner, wenn er zum Trevibrunnen tritt, tut dies mit Pflichtgefühl im Antlitz und fotografiert seine Frau, wie sie die Münze wirft. Der Italiener baut sich lärmend zum Gruppenfoto auf, verkämmt das Gel im Haar, schaut auf nichts als die Linse und lacht. Der Deutsche trägt rosa Radlerhosen oder Hut und gibt seiner Frau Anweisung, wie sie ihn fotografieren soll. Der Brite führt außer der Kamera auch Flaschenbier mit sich. Neulich war da einer, der muss aus dem offenen Osten Europas gekommen sein, viel zu warm angezogen, nagelneu die Videokamera. Erst hat er seine Frau gefilmt, wie sie elfengleich am Brunnenrand posierte und nymphenmäßig die goldenen Sandaletten bewegte, vor dem Hintergrund der Wasserteppiche und Fontänen. Dann hat der Mann den Fotoapparat herausgeholt und aufs Stativ geschraubt, ist zur Eheliebsten auf den Brunnenrand gehechtet und hat sie in Stummfilmpose vor den Wassern malerisch geküsst, bis der Selbstauslöser klickte.

Der Mensch liebt halt das Schöne, und an der Fontana di Trevi wird er damit einwandfrei versorgt. Es gibt nicht viele weltbekannte Monumente, in denen sich das künstlerisch Erhebende so innig dem Unterhaltsamen anvermählt, in denen Wassergötter mit ihren Gäulen so gemütlich in einem antiquarischen Disneyland versteinert sind. Federico Fellini hat 1959 in seinem Film »La dolce vita«, als er die hochbusige Anita Ekberg durch das Bassin waten ließ, dem Wasserschauspiel eine magische Dimension hinzugefügt, hat eine quasi erotische Sehnsucht nach einem Bad in der kühlen Frische geweckt. Und vollends taucht das Münzenritual den Ort in den Sprühdunst einer Gefühligkeit, die Stunde um Stunde bis in die späte Nacht hinein Tausende von Rombesuchern herbeizieht.

Belustigt schauen sie und lauschen, wie es plätschert, rieselt, rauscht, wie es gurgelt, sprudelt, sprüht und schäumt. Hier gibt es Schönheit zu fotografieren, mit Frau im Vordergrund. Hier ist der Mensch Tourist, hier darf er's sein. Hier wirft er Münzen, Münzen, Münzen hinter sich und wünscht sich was dabei. Nur, was wird aus den Münzen?

Montags morgens kommen in giftgrünen Stulpenstiefeln die Arbeiter der Firma Verticchio und schalten den Brunnen ab. Nichts rieselt oder sprüht mehr, der Wasserspiegel sinkt. Unerhörte Stille greift Raum, Weihestunde für die Anwohner der Piazza Trevi, während die Arbeiter mit Gummirechen im vorderen Teil des Bassins die Münzen zu einem Deich zusammenschieben. Feuerzeuge, Löffel, Armbänder und Plastikbecher werden ausgemustert.

Dann ziehen die Männer ein seltsames Gefährt herbei, einen stählernen Zylinder, aus dem armdick ein drahtversteifter Schlauch hervorragt. Dies ist der Geldsauger der Fontana di Trevi. Weithin hörbar prasselt es im Zylinder, und es heult die Motorpumpe, wenn die Arbeiter das Maul des Schlauches an den Münzen-Deich heranfahren und ihn Meter um Meter vertilgen lassen. Immer wieder wird der Zylinder geöffnet, ein wasserträufelnder Siebeinsatz mit Geldstücken herausgehoben und in einen Eimer entleert. Die Münzen enden in Plastiksäckchen, welche von zwei Polizistinnen der römischen Stadtwache, 1. Gruppe Montecatini, zugebunden, mit einer Zange verplombt und auf einer Treppenstufe aufgereiht werden.

»Wie viel wird es sein?«, ruft von jenseits der Absperrung ein Zuschauer herunter. Reichlich ist es, es summiert sich. Im Jahre 1994 haben die Touristen allein in italienischer Währung nicht weniger als 360.901.560 Lire im Wasser versenkt, umgerechnet etwa hundertsechzigtausend Euro, 1992 etwa achtzigtausend Euro. In jener Zeit, als noch die Gassenjungen oder die Eckensteher der Altstadt die Münzen aus dem Wasser fischten, teilweise mit Magneten, kam mancher in einer Nacht auf einen Batzen von mehr als fünfhundert Euro. Ein Gericht hat dies damals sogar für Rechtens erklärt mit der Begründung, die Geldstücke seien niemandes Besitz gewesen, »nullius res«, wie Juristen sagen. Längst hat sich inzwischen die Stadt Rom zur Eigentümerin der Brunnenschätze erklärt und Vorschriften erlassen. Demgemäß werden die Münzen der Fontana di Trevi, sind sie erst einmal verpackt, verschnürt und verplombt, dem städtischen Schatzamt und anschließend der Firma Metro Security Express ausgehändigt, die fernab vom Trevibrunnen in der Via Aurelia Nr. 479 in einem scharf bewachten Betonkeller allerlei Sicherheitsdienste verrichtet. Hinter Eisentüren ist dort Herr Uleano Orlandi, dreiundsechzig Jahre alt, zu finden, ein Mann mit grauem Kittel und grauen Augen, mit nichts beschäftigt als mit Münzen, Münzen, Münzen, oft zwei Schichten lang von früh bis spät.

Es ist eine harte Arbeit, denn die Münzen wiegen schwer. Uleano Orlandi entnimmt sie den Plastiksäckchen und schüttet sie in ein »hydrodynamisches Säuberungssystem«, eine Art Waschmaschine. So gereinigt, werden die Geldstücke in italienische und ausländische separiert. Die ausländischen kommen wieder in die Plastiksäckchen, die italienischen hingegen werden in Geldsortiermaschinen eingefüllt, aus denen sie in rosa Röllchen ausgespuckt werden – gezählt, gewogen, geteilt, verstaubar in weißen Jutesäcken, direkt dem Schatzamt zuführbar, das sie dem chronisch defizitären Stadthaushalt gutschreibt.

All dies ist eine Arbeit, die der Arbeiter Orlandi nur als langweilig und anstrengend empfinden kann. Der Herr im Hintergrund, der dort am Tisch den *Messaggero* liest, stimmt kopfnickend zu. Es ist der Stadtpolizeiinstruktor Roberto Sauli von der 18. Gruppe, vierundvierzig Jahre alt, der schichtweise im Wechsel mit einer Kollegin das Münzenwaschen und -sortieren beaufsichtigt. Er zählt und registriert, verplombt Säckchen und Laufkarren und zeugt allein durch seine Gegenwart davon, dass die Polizei nicht nur mit je drei Kräften in drei Schichten Tag und Nacht am Trevibrunnen über die Münzen wacht, sondern auch hier in der Einsamkeit des Betonbunkers.

Natürlich ahnen all die Japaner, Italiener, Deutschen oder Briten am Trevibrunnen keineswegs, dass sie so vielen Menschen Arbeit geben, wenn auch keine schöne. Wie auch? Die Piazza Trevi ist kein Ort der Nachdenklichkeit, sondern der Extravaganz. Hier wird geschäkert und geschaut und nicht gerechnet, hier zählt Amüsement, nicht Information. Ist es denn überhaupt so wichtig, dass es Papst Clemens XII. war, der 1732 den Bauauftrag gab? Muss man unbedingt Herrn Salvi kennen, den Architekten? Ist das Ding nicht sowieso reichlich kitschig?

Immerhin, höchst interessant ist ja, dass das Wasserspiel bis heute aus einem neunzehn Kilometer langen Aquädukt gespeist wird, der seit dem 9. Juni des Jahres 19 vor Christus in Betrieb ist. Immerhin hat es auch Seltenheitswert, dass die kolossalen Statuen mittels kaum sichtbarer Drähte elektrostatisch aufgeladen sind; dies hält Tauben und Möwen ab, sich niederzulassen und durch ihre Exkremente die Verschmutzung und Zersetzung zu beschleunigen. Und es lohnt zu wissen, dass es rund hundertfünfzig Euro Buße kostet, wenn man nackt im Trevibrunnen badet, wie dies jüngst ein deutscher Mann getan hat. Ja, die Deutschen – auch Fräulein Claudia Schiffer hat das Becken schon betreten.

Weniger ergötzlich ist, wie es mit den Münzen endet. Sie gelangen, wenn einmal der Arbeiter Orlandi die Euro-Stücke aussortiert und für die Stadtkasse eingesackt hat, in die Via Ramazzini Nr. 31. Dort hat, weit weg von der Piazza Trevi, das Provinzialkomitee des Italienischen Roten Kreuzes seinen Sitz, und dort lagern in einem tristen, doppelt abgesperrten Kellerraum rund dreihundert verplombte Plastiksäckchen mit Münzen, Münzen, Münzen zwischen zerfledderten Kartons und Apfelsinenkisten. Polizeibedeckung ist hier nicht mehr nötig, denn was jetzt noch übrig ist aus der Fontana, damit weiß nicht einmal das Rote Kreuz so recht etwas anzufangen. Das Geld macht hauptsächlich Probleme, so viele, dass der zuständige Provinzialchef Piero Brandolino sagt: »Es ist nicht so, als ob es uns missfallen würde, wenn wir die Münzen nicht bekämen.«

Was tun mit all den Yens, Kopeken, Kronen, Francs, Zloty oder Pence? Nur zum Teil lassen sie sich einfach umtauschen. Aber keine Bank wechselt Klingelgeld aus Tahiti und Timbuktu. Und kein Mensch hat Spaß daran, täglich schwere Säcke zu wuchten und stundenlang bei Neonlicht benässtes Metall auseinanderzuklauben, wie es dem neunundzwanzigjährigen Rotkreuz-Mann Luciano Rizza und zwei Kriegsdienstverweigerern aufgetragen ist. »Das ist langweilig und strengt die Augen sehr an«, sagt Rizza, und er macht dabei die Miene des gequälten Sisyphus. Geldzählen ist nämlich, so besehen, eher eine Strafe als ein Vergnügen, und eigentlich hat das Rote Kreuz Wichtigeres zu tun.

Nun gut, gewisse Erleichterung kann man sich schaffen. Mit Magneten lassen manche Münzen sich rasch herausfischen. Kupferstücke kann man zum Einschmelzen verhökern, man kann auch ganze Säcke unsortiert an Sammler verkaufen oder an Schulkinder verschenken. Über ein Sortiersystem von Rüttelsieben wird man weiter nachdenken, und vielleicht kommt ja am Ende Hilfe von all den Botschaften in Rom, die angeschrieben worden sind.

Nur – ein schönes Ende wird die Sache niemals nehmen. Luciano Rizza und die beiden Kriegsdienstverweigerer sind auf Jahre im Verzug. Ungezählt und ungewogen liegen Münzen, Münzen, Münzen da in verplombten Plastiksäcken, und mehr als zehn Tonnen stehen noch bei der Firma Metro Security Express zum Abholen bereit. Und drinnen in der Stadt, am Trevibrunnen, stellen sie sich Tag und Nacht mit dem Rücken zum Bassin und werfen Münzen, Münzen, Münzen, Münzen …

Die Mama wird's schon richten

Der Latin Lover als Muttersöhnchen

Sie heißt *mamma,* mit zwei m, und auf ihren Schultern ruht das Land. Was würden Männer wie Francesco D'Onofrio ohne *mamma* machen? Sie wäscht die Hemden, kocht Essen und fragt, wenn er das Haus verlässt: »Hast du den Schirm dabei? Hast du einen Pullover an? Hast du das Innenfutter in den Regenmantel eingeknöpft?« In der Nacht legt sie den Riegel vor und wartet im Sessel vor der Gegensprechanlage, bis der Sohn nach Hause kommt. Einen Mann, der so bei Muttern lebt, nennt man in Italien *mammista* oder *mammone.* Francesco D'Onofrio sieht sich als »mammista des reifen Alters«. Er ist nicht zweiundzwanzig, sondern achtundfünfzig Jahre alt, Professor für öffentliches Recht an der Universität in Rom, Harvard-Absolvent, Anwalt am Kassationsgericht, Abgeordneter des Senats der Republik, Mitbegründer und Fraktionschef des Christdemokratischen Zentrums, ein landesweit bekannter Politiker, Staatssekretär und Minister war er auch schon mal. Mama ist sechsundachtzig.

Solch unverbrüchliche Anhänglichkeit des Sohnes ist nichts, weshalb man sich in Italien genierte. Francesco D'Onofrio hat unbeschwert der Zeitschrift *L' Espresso* Auskunft gegeben, hat mit Mutter

Filomena für ein Foto posiert und erklärt: »Ich bin gerne mammista, ich genieße alle Vorteile, und die Verpflichtungen belasten mich nicht.«

Der Mann liegt im Trend. Immer mehr Söhne und Töchter in Italien bleiben immer länger bei den Eltern wohnen, viel länger als in Europas nördlicheren Teilen oder den USA. Nach einer von *L' Espresso* 1996 publizierten Umfrage leben 81,6 Prozent der jungen Männer von fünfzehn bis vierundzwanzig Jahren bei Mama und Papa, in der Altersgruppe von fünfundzwanzig bis vierunddreißig Jahren sind es noch vierzig Prozent. Die Zahlen für Frauen liegen mit 75,7 und 25,9 Prozent merklich niedriger. Den Kardinal von Bologna, Giacomo Biffi, hat das zu einer Strafpredigt gegen den unreifen Nachwuchs veranlasst, der noch mit dreißig auf Mamas Sofa lümmelt, anstatt selbst eine Familie zu gründen.

Jugendarbeitslosigkeit und Mangel an preiswerten Mietwohnungen sind nur bedingt als Ursachen heranzuziehen. Auch viele Mittelstandskinder mit guten Jobs sind Nesthocker, sodass wohl eher die sprichwörtlich enge Bindung der italienischen *mamma* zu ihrem Sohn mitzubedenken ist. *Mammismo* wird das Phänomen genannt, und es gibt Beobachter, die im starken Bedürfnis von Mutter und Sohn nach gegenseitiger Zuwendung den Schlüssel für die starke Stellung der *mamma* in der Familie erblicken. Familienclans wiederum sind das Fundament der italienischen Gesellschaft, die ganz auf persönliche Beziehungen zu Verwandten und Freunden gründet und zu Abstraktem wie dem Staat kein rechtes Verhältnis findet. So ist die *mamma* in Italien vermutlich eine wichtigere Institution als der Ministerpräsident und der Papst. Der Ausruf »Mamma mia!« wird im Lexikon nicht von ungefähr wiedergeben mit »Mein Gott!«

Es ist nicht ungewöhnlich, wenn ein arrivierter Fünfzigjähriger ein berufliches Treffen verschiebt mit der Begründung, er müsse *mamma* ans Meer bringen. Es lacht kein Italiener, wenn ein Star wie der Skiläufer Alberto Tomba erklärt: »Ich träume davon, eine Frau wie meine Mutter zu finden.« Silvio Berlusconi, der gewöhnlich alles übertreibt, hat sich in Wahlkampagnen gar ausdrücklich nicht nur an Italiens *mammas*, sondern auch an Omas und Tanten gewandt und in seinen Medien seine Mutter Rosa hochjubeln lassen. Er habe ihr vor Jahren zum siebzigsten Geburtstag siebzig rote Rosen geschickt, erzählte sie.

Indes hat der *mammismo* Kehrseiten, die auch D'Onofrio nicht leugnet. Gewiss, er hat bis heute in Rom eine zweite Wohnung, aber eine Ehe, die er 1973 einging, dauerte nur Monate. *Mamma* kam öfters vorbei, brachte Zeitungen oder Käse, das hatte die junge Gattin stark irritiert. Der Zeitschrift *venerdi* klagte eine »Ehefrau in Tränen«, ihr frisch Angetrauter lasse sich von den Eltern allzusehr dreinreden. »Ich will nicht, dass es mir geht wie meinen Schwägerinnen, dass mein Mann jeden Tag zu seiner Mutter geht und sie anruft und dass wir jeden Sonntag bei ihr essen müssen.« Ein weites Feld tut sich auf, und weil Psychologie eine internationale Wissenschaft ist, halten Psychologen auch in Italien für wichtig, dass Kinder sich rechtzeitig von *mamma* lösen und ihr Leben selbst in die Hand nehmen.

Dem wollte die sechsundvierzig Jahre alte Annamaria Romanelli aus Ferrara nachhelfen. Die geschiedene Verkäuferin und Aushilfskellnerin warf ihren Sohn Luca, vierundzwanzig, aus der Wohnung, weil der mehr verdiente als die Mutter, aber nur lumpige fünfzig Euro zum Familienetat beisteuerte. Der Junge ging vor Gericht und prozessierte. Daraufhin musste ihn die *mamma* fürs Erste weiterhin behalten.

Volkslauf zum Paradies der Amtsstube

Millionen wollen einen Job beim Staat

Es gibt Tage, an denen im Westen von Rom rund um das Hotel Ergife der Verkehr zusammenbricht, und die Anwohner ahnen schon: die Postenjagd geht wieder los. In den Kongresssälen der Herberge finden an langen Tischen nämlich regelmäßig jene schriftlichen Prüfungen statt, die man in Italien abzulegen hat, wenn man sich für den Staatsdienst bewirbt. Da für solche Arbeitsplätze eine geradezu astronomische Nachfrage herrscht, zieht ein Examen stets Tausende überwiegend junger Menschen an. Im Hotel Ergife zum Beispiel ging es vor einiger Zeit um neunzig Fahrerstellen bei der Finanzpolizei. Siebzehntausend Interessenten gaben Antwort auf die Ausschreibung, zur Prüfung reisten etwa siebentausend an, viele im eigenen Auto. Für drei Stunden lag das Viertel lahm.

Und doch war dies noch harmlos im Vergleich zu jener Flut von Bewerbungen, in die 1996 das italienische Finanzministerium strudelte. Für zweitausend neue Posten in der Finanzverwaltung, verteilt auf ganz Italien, meldeten sich nicht weniger als 1,4 Millionen Frauen und Männer – ein Rekord. Achthunderttausend von ihnen erstrebten einen der eintausendfünfundachtzig ausgeschriebenen Jobs als Archiv-Helfer oder Schreibkraft, die übrigen sechshunderttausend bemühten sich um neunhundertfünfzehn Stellen für Steuergehilfen. Allein die Ausschreibung und die Vorauswahl der Prüfungsteilnehmer kosteten den Staat umgerechnet rund zweieinhalb Millionen Euro. Für die Examina wurde die Weihnachtspause abgewartet, damit man im Land genügend leere Schulsäle fand.

Concorso (Wettbewerb) ist das Wort, mit dem die Italiener den Hürdenlauf zum öffentlichen Dienst bezeichnen. Die Einrichtung hat mehr als hundertjährige Tradition und ist in der Verfassung verankert. Ziel der Regelung war es einst, die Staatsverwaltung allen Bürgern zu öffnen, sofern sie jeweils die fachlichen Voraussetzungen erfüllten, und so die Unparteilichkeit der Administration und ihre Unabhängigkeit von den Politikern zu sichern.

Es blieb ein schöner Traum. In den vergangenen Jahrzehnten der parteipolitischen Durchseuchung aller Lebensbereiche wurde auch die Verwaltung zum Opfer der Mauschler. Politiker schleusten ihre Helfer ein und versprachen ihren Anhängern Staatsposten gegen Wählerstimmen. Bedienstete, die auf diese Art zu ihrem Amt kamen, glänzten oft durch Unfähigkeit oder Abwesenheit, grausige Lethargie und Inkompetenz der Bürokratie sind das weithin beklagte Resultat dieser Misswirtschaft (aber: manchmal kommt man auf ein Amt, und alles geht ganz schnell und gut).

Noch immer ist die *raccomandazione,* die persönliche Empfehlung eines Politikers oder einer sonstwie einflussreichen Persönlichkeit, für die meisten Menschen ein unerlässlicher Helfer bei Anliegen aller Art, besonders bei Karrierewünschen. Namhafte Experten wie der Professor Sabino Cassese, der 1993/94 als Minister für die öffentliche Verwaltung hinreichend praktische Erfahrung sammeln konnte, behaupten, trotz aller hehren Zielsetzungen seien von 1978 bis 1993 rund sechzig Prozent der Beschäftigten im öffentlichen Dienst auf Schleichwegen zu ihren Posten gekommen, ohne *concorso* also – ein offen verfassungswidriger Zustand. Er wird noch dadurch verschlimmert, dass *concorsi* auf lokaler und regionaler Ebene zu etwa sechzig Prozent nicht korrekt abgewickelt wurden, wie Cassese ermittelte. In der Gesundheitsverwaltung waren es gar hundert Prozent.

Der anfällige Schwachpunkt sind die Prüfungskommissionen. Gerecht im Geiste der Verfassung könnten sie nur entscheiden, wenn sie mit unabhängigen Fachleuten besetzt wären. Meist aber war, zumindest auf unterer Ebene, bisher der Chef der Kommission ein Lokalpolitiker oder sein Abgesandter, ein zweites Mitglied wurde von den Gewerkschaften bestimmt, nur der dritte konnte als Experte gelten. Nicht immer, aber oft waren absurde Beschlüsse das Ergebnis: fähige Bewerber fielen durch, unfähige gingen aus dem *concorso* als Sieger hervor, weil sie die besseren Beziehungen hatten.

An Universitäten kam es zu Skandalen. Professoren sprachen sich als Prüfer untereinander ab und verhalfen nach Feudalmanier den empfohlenen Vasallen oder Verwandten von befreundeten Kollegen, in einem Fall auch der Geliebten, zum begehrten Hochschulamt. Eine Kandidatin wurde auf diese Weise Professorin für Albanisch, obwohl sie diese Sprache nicht im mindesten beherrschte. Gleichwohl gibt es selbstverständlich in Italien auch fähige Professoren – und fähige Forscher, die niemals Professoren wurden.

Auch auf diesem weiten Feld kreuzen sich zwei Linien der Kulturtradition: das archaische Italien mit seiner Begünstigung durch den *padrone* kontrastiert mit dem modernen Italien und seiner Forderung nach Leistungskriterien und Gleichbehandlung für alle. Versuche von Politikern, diesen Gegensatz zugunsten der Modernität aufzulösen und deshalb die zur Farce gewordene Einrichtung des *concorso* abzuschaffen, blieben immer wieder in den Rädern der politischen Maschinerie hängen. Dem Konzept des Rechtsstaats und der Rechtsansprüche des freien Bürgers steht mit starkem Beharrungsvermögen eine postfeudalistisch geprägte Gesellschaft gegenüber, in der alles über persönliche Beziehungen geregelt wird, angefangen beim eigenen Familien-Clan und dem großen Netz der Freunde.

Es ist also kaum das Vertrauen auf eine gerechte Auslese der Besten der Nation, das Millionen Menschen immer wieder veranlasst, an den Kiosken nach den grellbunt aufgemachten Fachzeitschriften zu greifen, in denen neue Stellen und *concorsi* ausgeschrieben werden. Vielmehr demonstriert diese italienische Monstrosität heutzutage vor allem die Not der Arbeitslosen, die seit Jahren um die zwölf Prozent der Erwerbstätigen ausmachen. Im Süden sind es gar über zwanzig Prozent, bei Jugendlichen über fünfzig Prozent, und just in Süditalien gilt ein sicherer Job bei Rabenvater Staat schon immer als Verheißung.

Man bewirbt sich also. Siebenhundert Posten waren in der Forstverwaltung frei, die Zahl der Kandidaten betrug fünfundfünfzigtausend. Für dreihundert Polizeistellen meldeten sich dreiundachtzigtausend Menschen, dreitausendsiebenhundertzweiundachtzig Jobs in der Justizverwaltung fanden zweihunderttausend Interessenten, und im Hotel Ergife in Rom traten wieder einmal zur Examinierung ihrer Allgemeinbildung zweiundvierzigtausend junge Frauen und Männer an, die Polizeimeister bei den *carabinieri* werden wollten. Gebraucht wurden ganze achthundert.

In der Stadt Forlì bei Bologna suchte 1993 die Präfektur zehn Verwaltungsgehilfen, Anfangsgehalt umgerechnet etwa sechshundert Euro. Es bewarben sich elftausend Personen, rund die Hälfte nahm 1996 am schriftlichen Examen teil. Drei Prüfer und ein Sekretär brüteten monatelang über ihren Arbeiten, erst 1997 wurden die zehn Sieger eingestellt. In Nettuno südlich von Rom suchte im Frühjahr 1997 die dort angesiedelte Schule der Staatspolizei tausend Hilfskräfte in verschiedenen Sektoren. Es meldeten sich fünfhundertsechzigtausend Bewerber aus ganz Italien, vorwiegend aus dem Süden, allein etwa achtzigtausend aus dem Großraum Rom. Tag für Tag wurden dreitausendsiebenhundert dieser Kandidaten hergebeten und für eine Vorauswahl geprüft, vom ersten April an bis in den Herbst hinein. Danach sah das Verfahren medizinische und psychologische Untersuchungen vor, und erst am Ende dieser Prozedur sollten die Durchgekommenen sich der schriftlichen und mündlichen Schlussprüfung stellen. Wann auch immer.

Wundert es da, wenn gelegentlich ein Bewerber den Mut und die Lust verliert und seinem Frust einmal in einem Interview Luft macht? Nicola Scartaghiande, ein junger Mann aus einem Dorf in der Provinz Reggio di Calabria hat dies im November 1995 getan und der Zeitung *La Stampa* erklärt, wie er als vielfacher Teilnehmer die *concorsi* anzugehen pflegt: mit einer Kerze und dem Telefon. Erstens überlegt er mit Verwandten und Freunden, ob man nicht irgendjemanden kennt, der einen kennt, der irgendwie mit dem Auswahlverfahren befasst ist. Und zweitens entzündet seine Mutter in einer Kirche, wann immer der Sohn wieder einmal zum Wettbewerb antritt, eine Kerze vor der Statue des heiligen Domenico Savio, des Schutzpatrons der Jugend. Nicola Scartaghiande hatte im November 1995 gerade einen persönlichen Rekord aufgestellt. Er war damals sechsundzwanzig Jahre alt und nahm an seinem siebenundzwanzigsten *concorso* teil.

Die Pornodiva mit dem Rosenkranz

Kontraste eines katholischen Landes

Sie war eine Diva, eine Pornodiva, »eine intellektuelle Pornodiva«, wie ihr die Zeitung *L'Unità* nachrief, das einstige Zentralorgan der Kommunistischen Partei. Sie spielte klassische Gitarre, sie las hohe Literatur, sie liebte die Texte des Kirchenvaters Augustinus, und sie trug immer einen kleinen Rosenkranz bei sich. Moana Pozzi, Italiens berühmtester Nackt-Star, ist im September 1994 im Alter von dreiunddreißig Jahren gestorben, und in den Zeitungen des Landes wurde dies ebenso wichtig genommen und herausgehoben auf der ersten Seite verzeichnet wie der Tod des Philosophen Karl Popper, der zur selben Zeit zu vermelden war. Dies sagt über das Land und seine Zeitungen so viel wie über Moana Pozzi.

Italiens Zeitungen und mutmaßlich auch deren Leser lieben den Klatsch. Hochseriös anmutende Gazetten wie der *Corriere della Sera* oder *La Stampa* pflegen in der Chronik der laufenden Ereignisse ausführlich auch Themen auszubreiten, die in Deutschland der Boulevardpresse vorbehalten blieben (welche es wiederum in Italien nicht gibt): Star-Kult und Spektakel, Unglücksfälle, Gewaltverbrechen und Familiendramen und was sonst noch menschlicher Anteilnahme, Neugier oder

Klatschsucht so sehr zugänglich ist. Überhaupt ist Ausführlichkeit ein italienisches Elixier, auch dem kurzen Leben der Moana Pozzi sind also ganze Zeitungsseiten gewidmet worden.

Die junge Frau, erfuhr man, war ein paar Monate vor ihrem Tod in Indien gewesen, hatte danach von einer Virusinfektion gesprochen und über Schmerzen geklagt und war schrecklich abgemagert. Die Ärzte diagnostizierten Leberkrebs, ihm erlag sie in einem Krankenhaus im französischen Lyon, wo ihr Vater, ein Ingenieur, lebte. Jeder weiß indes, dass die Ausübung des Berufs einer Pornofilmdarstellerin eher das Risiko von Aids als Leberkrebs in sich birgt, doch wurden daran geknüpfte Vermutungen von Mutter und Manager der Verstorbenen eilends zurückgewiesen.

Die Mutter und der Manager sind immer wieder interviewt worden, und die Mutter hat dabei Einblick gegeben in die subtile Tragödie einer gutbürgerlichen Familie, die wegen der Pornokarriere der Tochter am früheren Wohnort bei Alessandria gemieden wurde, die darunter litt, darüber stritt und über den Zerwürfnissen zerbrach. Die Mutter lebt vom frommen Vater heute getrennt und hält diesem vor, er sei zur Tochter nicht streng genug gewesen. Und sie erzählt, nur einmal habe ihre Tochter, die in ihren Filmen endlos körperliche Liebe mimte, sich in ihrem Leben verliebt.

So fügt sich ein privates Bild zum öffentlichen. Moana Pozzi war eine landesweit bekannte Person. Im italienischen Fernsehen war sie Gast in Talkshows oder anderen Sendungen. Einmal hielt ihr dort ein Regisseur vor, sie habe sich ihren gerne exponierten Busen mit Silikon füllen lassen, damit er üppig werde, und sie wusste darauf nichts Rechtes zu sagen. Moana Pozzi rühmte sich, mit vielen bekannten Männern geschlafen zu haben, auch mit einem wirklich mächtigen Politiker. Außerdem hatte sie eine »Partei der Liebe« gegründet und sich damit bei Parlamentswahlen und bei der Bürgermeisterwahl in Rom beworben, wo sie auch lebte. Sie landete weit abgeschlagen; den Publicity-Erfolg ihrer Berufskollegin Ilona Staller (»Cicciolina«), die bis 1992 eine Legislaturperiode lang als Abgeordnete der Radikalen Partei das Parlament verunsichern durfte, konnte sie nicht wiederholen.

Dass eine Primitiv-Darstellerin aus dem brutalen und äußerst unästhetischen Gewerbe der harten Pornografie überhaupt und ausgerechnet im hochkatholischen Italien derartige Prominenz, ja gar eine gewisse Beliebtheit erlangen kann, ist eines jener Phänomene, die jeden Völkerkundler fiebern lassen. Rigorismus hat eben auf der Apenninhalbinsel seine entschiedenen Gegenpole, und überhaupt ist in Italien kein Urteil gnadenlos, auch keines über gefallene Mädchen, die dem sechsten Gebot so unzweideutig zuwiderhandeln.

Dabei hat Moana Pozzi, Schülerin eines Ursulinen-Kollegs, sich immer als eine Christin betrachtet. Bekannte schilderten sie als lebensfroh, fleißig, mitfühlend, aufrichtig – und diskret. Ihren Tod hat sie absichtsvoll erst mit Verspätung bekanntmachen lassen, ihre Asche wollte sie ins Meer oder über ihren Lieblingsberg gestreut wissen. Ihr beachtliches Vermögen vermachte sie einer Stiftung, die den Krebs bekämpfen soll. Und auf ihre jüngere Schwester hatte sie schon vor Jahren, als diese ebenfalls Porno-Schauspielerin werden wollte, so lange eingeredet, bis diese davon absah. Die Zeitung *La Repubblica* hat übrigens – o Italia! – gemeint, darauf hinweisen zu müssen, dass Moana Pozzi im selben Alter gestorben sei wie Jesus.

Halbmond zwischen tausend Kreuzen

Rom beherbergt auch Europas größte Moschee

Ein Gotteshaus wie keines sonst in Rom: Brunnenwasser plätschert in der Marmorrinne, auf der Kuppel prangt kein Kreuz, sondern das Zeichen des Halbmondes, und der Innenhof weist in postmoderner Vermengung nicht nur römische, sondern auch arabische Elemente auf. In der Stadt der tausend Kirchen steht einsam auch eine Moschee.

Dies brauchte nichts Besonderes zu sein in einer Metropole, die unter ihren 2,7 Millionen Einwohnern rund fünfunddreißigtausend Menschen islamischen Glaubens hat und die als Hauptstadt auch Fixpunkt für die mehr als dreihunderttausend Moslems in ganz Italien ist. Andere Großstädte wie Paris, Madrid oder Berlin haben längst islamische Bethäuser, aber Rom ist nun einmal nicht nur der Zentralort der Apenninhalbinsel, sondern auch der Mittelpunkt der katholischen Christenheit. Drum hat es seinen eigenen Reiz, wenn eine Moschee, zudem die größte Europas, ihren Standort im Bannkreis des Petersdomes findet, jener größten aller christlichen Kirchen, die in ihrer Herrlichkeit nichts anderes zum Ausdruck bringt als den Anspruch des Papstes auf den Alleinbesitz der ewigen Wahrheit.

Vom Vatikan ist der islamische Sakralbau indes gute fünf Kilometer entfernt, eingebettet in eine anmutige Grünzone am Ufer des Tiber, wo dieser im Norden Roms den feinen Stadtteil Parioli von den gewöhnlicheren Vororten trennt. Umfriedet von Gittern und gut bewacht liegt der beige schimmernde Kolossalbau, der außer zwei Bethallen auch ein islamisches Kulturzentrum samt Bibliothek und Schule beherbergt, weitab von der Innenstadt. Die Verkehrsbetriebe haben eine Busverbindung eingerichtet, um so namentlich an Freitagen den gläubigen Moslems die Teilnahme am großen Predigtgottesdienst zu erleichtern.

Die Gebetsnische ist selbstverständlich exakt nach Mekka ausgerichtet, und die Berechnung dieser Position war nicht die einzige Sonderaufgabe, die in mehr als zwanzigjähriger Planungs- und Bauzeit dem römischen Star-Architekten Paolo Portoghesi sowie einem italienischen und einem irakischen Kollegen gestellt wurde. Umweltschützer bemängelten, dass überhaupt ein exzellentes Stück Natur von dreißigtausend Quadratmetern zur Bebauung hergegeben wurde und setzten durch, dass das Minarett nur die relativ geringe Höhe von dreißig Metern erreichen durfte.

War dies schon ärgerlich genug, so sorgten erst recht Anwürfe aus Kreisen fundamentalistischer Katholiken für Furore. Eine Aktivisten-Gruppe verteilte 1993 beim Karfreitags-Kreuzweg des Papstes im Kolosseum Flugblätter und erklärte darin, die römische Moschee werde nicht nur Stätte des Gebets, sondern auch der Propaganda sein. Dabei hätten Christen in manchen islamischen Ländern religiöse Verfolgung zu erleiden. In polemischer Zuspitzung wurde gar die schon vom faschistischen Diktator Mussolini gestellte Frage aufgegriffen, wieso die Muslime eine Moschee in Rom wollten, wo sie doch in ganz Saudi-Arabien keine katholische Kirche duldeten, schon gar nicht in Mekka. Saudi-Arabiens Botschafter entgegnete: »Ganz Saudi-Arabien ist heiliges Land, und wir würden ja keine Moschee im Vatikan errichten wollen.«

Solcher Streit ist später abgeflaut, und als die Moschee im Juni 1995 eingeweiht wurde, erklärte der Botschafter Marokkos, das neue Haus solle Stätte der Begegnung zwischen den Kulturen sein. Vor ihm saßen nicht nur, mit wallendem Burnus und Kopftuch bekleidet, Würdenträger aus jenen dreiundzwanzig islamischen Staaten, die die Baukosten von mehr als fünfunddreißig Millionen Euro aufgebracht hatten, angeführt von einem saudischen Prinzen. Auch Italiens Staatspräsident Oscar Luigi Scalfaro war anwesend nebst weiteren Politikern sowie Vertretern anderer Religionen. Der Papst hatte als Vertreter Monsignore Clemente Riva geschickt, einen Weihbischof der Diözese Rom.

Für weitergehende Gesten fehlte die politische Basis. Der Dialog mit den Weltreligionen ist in den vergangenen Jahren nicht vorangekommen. Es war schon ein historisches Datum, als Johannes Paul II. am 13. April 1986 als erstes Oberhaupt der katholischen Kirche ein jüdisches Heiligtum betrat, die Synagoge am Tiberufer im ehemaligen jüdischen Ghetto von Rom. Der Rabbiner Elio Toaff empfing ihn mit einer Umarmung.

Juden leben schon seit der Antike in Rom, heute

sind es über zwanzigtausend. Und seit geraumer Zeit haben auch andere Religionsgemeinschaften in der Hauptstadt des Katholizismus kleine Gemeinden und Kirchen, so etwa die zu den Reformierten gehörenden Waldenser, die russischen und griechischen Orthodoxen, die Anglikaner und die schwedischen Lutheraner, ferner Mormonen, Methodisten, Baptisten und Pfingstbewegung, schließlich auch die evangelisch-lutherische Kirche aus Deutschland, deren Gotteshaus und Pfarrverwaltung sich in der Via Toscana finden.

Die Römer indes scheinen von der Präsenz dieser Gemeinschaften ebenso wenig beeindruckt wie von der übermächtigen Gegenwart des Papstes und des Vatikans, die alltäglich auf den Straßen der Stadt auch in der Begegnung mit einer großen Zahl von Geistlichen und Nonnen ihren Ausdruck findet. Umfragen ergeben immer wieder, dass Rom von allen Städten Italiens die heidnischste ist. In einer Untersuchung des Soziologen Roberto Cipriani etwa bekannten sich 1997 nur rund zehn Prozent der Römer als praktizierende Gläubige, die sich fest an die Regeln des Papstes halten, als echte Anhänger der Kirchenlehre bezeichneten sich nur achtunddreißig Prozent. Etwa drei Viertel allerdings gehören formell der katholischen Kirche an, rund siebzig Prozent stehen dem Papst positiv gegenüber (und ebenso viele lesen regelmäßig Horoskope).

Vor diesem Hintergrund wundert es nicht, dass der Papst für das Jahr 2000 in Rom eine große Missionsbewegung ausrief, die im Frühjahr 1997 mit der Verteilung von über einer Million Exemplare des Markus-Evangeliums an alle Haushalte der Stadt begann. Fünfzehntausend Missionare waren über drei Jahre immer wieder unterwegs. Ihr Ziel war es nicht so sehr, Moslems, Juden oder Lutheraner zum katholischen Glauben zu bekehren, sondern laue Katholiken wieder an die Kirche und den Papst zu binden.

Und Cristina holt den Schraubenzieher

Eine Powerfrau im Eissalon zwischen Grenadine-Gläsern, Familientradition und Komplimenten

Manchmal, wenn der Sommer so heiß ist wie in diesem Jahr, beginnt Cristinas Tag damit, dass sie den Schraubenzieher holt. Fabio schläft noch die Erschöpfungen der nächtlichen Vergnügungen aus, während seine Mutter sich in die Kühltheke beugt und die Schrauben der Abdeckung lockert. Verschlungene Kabel werden sichtbar, ein beunruhigendes Rattern dringt aus der Tiefe der Apparatur. »Da ist ein Lüftungsrad drin, das macht Lärm.« Vielleicht hat sich wieder Kondenswasser oder Eis am Motor gebildet, da wüsste eine Frau wie Cristina sich zu helfen. Aber diesmal muss es etwas anderes sein. Sie ruft Ercole, den Mechaniker, an, zapft sich einen kalten Tee und zieht ihre Schürze über.

Im Lokal liegt das träge Summen, das den Sommer auch bei vierunddreißig Grad Celsius erträglich macht, jener Brummton des Behagens, den in mannigfacher Abstufung die Eistheken und -schränke erzeugen. Tröstende Kühle verströmt im Raum. Ein Windstoß bauscht draußen vor der Tür, wo Cristinas schwere Suzuki GS 550 E steht, die gelbe Markise mit der Inschrift »Fassino« auf und bringt drinnen über der Rechenmaschine die drei silbernen

Lampenschirme zum Schwanken, deren Aufsatz der Aufbewahrung von Kleingeld dient.

Alles ist in dieser Stunde vor Mittag, in der die Eisfrau die Bänke vor die Tür stellt und ihr Tagwerk beginnt, schon in jener gleichmäßigen Bewegung, die der Hitze ihre Beherrschbarkeit anzeigt. Am Schaufenster, gleich unter dem Ehrenplatz, den Cristina dem Foto ihrer starken Urgroßmutter Annunziata gegeben hat, rührt es mechanisch in kaltem Kaffee und in kaltem Tee. Und in der Mitte des langen Tresens drehen sich schlangenartig vier flache Spiralen in Plexiglasgefäßen, deren Rundungen mit feinen Tröpfchen beschlagen sind. Grenadine wird hier umgewälzt, nach Geschmäckern getrennt: Zitrone, Orange, Sauerkirsche und Tropical, knallgrün. Wer davon trinkt, dem wird kühl und süß.

Sommertag im Eissalon. Die drei Bauarbeiter sind wieder da für drei große Portionen, ein Lieferant bringt tiefgefrorene Himbeeren und feilscht um den Preis. Im Grenadine-Glas wird die Zeit umgeschichtet, und Cristina erzählt Geschichten aus dem privaten Leben, das so italienisch ist und gar nicht nur privat. Vierzig Jahre ist Cristina Vesco alt, Inhaberin einer *gelateria* in der Via Bergamo Nr. 24 in Rom, eine Frau, der ihre Unabhängigkeit so wichtig ist wie der Kontakt mit Menschen. »Ich muss mitten unter den Leuten sein«, sagt sie, »was mache ich sonst mit meiner Energie?«

Cristina Vesco verkörpert einen Typus jüngerer italienischer Frauen, die unternehmungslustig, selbstbewusst und anspruchsvoll ihre Rolle in der Gesellschaft neu erleben und begreifen wollen. Attraktiv, charmant, schlagfertig, berufstätig – vor uns steht die Powerfrau *all'italiana,* die Wert auf modische Kleidung und den Respekt ihrer Umwelt legt.

Vor vier Jahren hat Cristina nach siebzehn Jahren Ehe ihren Mann verlassen, an einem Tag im Juni, als sie mit dem Mann und den beiden Söhnen zu Tische saß und erlebte, dass die Söhne genauso am Essen herummeckerten wie der Mann. Da ist sie aufgestanden, hat Kleider und eine Decke in den Koffer gepackt und ist gegangen. »Das war mein erster Tag der Unabhängigkeit«, sagt sie heute. »Ich bin eine Frau, die nicht fähig ist, sich zu unterwerfen.« Und fügt nach einer Pause hinzu: »Außer wenn ich es selbst entscheide. Und nur aus Liebe.«

Frauen, sagt Cristina, haben nicht weniger als Männer, sondern mehr. Frauen geben Leben und begehen weniger Morde. Frauen üben in Italien zwar schon lange ein verdecktes Matriarchat aus, aber nun ist es genug mit nur Kinder, Küche, Kirche. Cristina glaubt an Gott und an den wundertätigen Pater Pio, »aber es gelingt mir nicht, katholisch zu sein«. Weil da Frauen nichts dürfen.

Gut erinnert sie sich, dass ihr erster Wahlakt mit achtzehn Jahren die Teilnahme am Scheidungsreferendum war, und natürlich hat sie damals die Einführung der Ehescheidung in Italien befürwortet. Unvergesslich ist ihr, wie der Vater sie, als sie vor Jahren den in eine Krise geratenen elterlichen Hotel- und Gaststättenbetrieb übernehmen wollte, abwies mit den Worten: »Nein, du bist eine Frau.« Sie hat ein Pub aufgemacht und zeitweise mehr verdient als er. Und nicht zufällig hat sie 1997 mit ihrer Schwester als Tag für die Eröffnung der Eisdiele »Fassino« den 8. März gewählt, den Frauentag.

Es lag in der Familie. »Fassino« ist die Verkleinerungsform von Fassi, und dieser Name steht in Rom für eine lange Tradition der Eisproduktion. Annunziata Fassi, Cristinas Urgroßmutter, hat einst in Sizilien ihren Mann verlassen, weil der sie geschlagen hatte. Sie ging nach Rom und eröffnete in einer Villa des Fürsten Torlonia an der Piazza Fiume ein Hotel mit Gartenlokal nebst Eisverkauf. »Königreich des Eises« lautete die Reklameschrift am Dach, und ein anderer, verfeindeter Zweig der Familie führt bis heute den »Palast der Kälte«. Urgroßmutter Annunziata lieferte sogar dem Diktator Mussolini sonntags Eis; Mussolini gewährte ihr zehn Jahre Steuerfreiheit, und man weiß nicht, ob sie diese Vergünstigung über Mussolinis Schwester erreichte »oder über den berühmten roten Salon, in dem der Duce die schönen Frauen empfing«, sagt Cristina.

Jedenfalls ist die Urgroßmutter ihr ein Vorbild an Tatkraft und Gewitztheit, und jedenfalls heißt ihr Salon auch deshalb »Fassino«, weil dies eine der Eissorten war, die Annunziata erfand, weiß mit Schokolade drum herum. Und mag diese Vergangenheit auch ein »enormes Gepäck« darstellen, so sieht Cristina sie doch auch als Ermunterung zu eigener Tat.

Fabio ist endlich eingetroffen, verspätet, und Cristina hält ihrem neunzehnjährigen Sohn eine gedämpfte Gardinenpredigt, deren Wirkung unter seinen flehenden Blicken und Koketterien bald verfliegt. Groß und stark ist der Kerl, einen Meter zweiundneunzig hoch, und doch musste Cristina selber die Kisten mit achtzig Liter Milch, zwanzig Kilo Zucker und dem Milchpulver schleppen, die der Milchmann vorhin angefahren hat. Und der Fruchtsalat, mit dem manche Kundin ein ganzes Mittagessen bestreitet, ist auch noch nicht fertig. Cristina gibt Fabio das Obst zum Schneiden und gießt literweise Milch aus viereckigen Papptüten in die Pasteurisiermaschine, die in ihrer Werkstatt steht.

Auch diese Werkstatt, rückseitig hinter dem Lokal gelegen, ist erfüllt vom polyfonen Gebrumm der Kühlschränke und Eismaschinen, die jeden Monat für mehr als fünfhundert Euro Strom verbrauchen. Ja, es ist reichlich Energie vonnöten, wenn etwa fünfzig Liter Milch, versetzt mit Schokoladenpulver, einer Handvoll Kaffee und acht Kilo Zucker in der Pasteurisiermaschine erst auf fünfundsechzig Grad erhitzt und dann auf wenige Grad über Null abgekühlt werden sollen. Schokoladeneis wird gebraucht, auch für die hellen Eissorten entsteht in ähnlicher Art eine Grundmischung, die in der Eismaschine mit weiteren Zutaten vermengt wird. Aus dem Einguss des Geräts hört man ein seltsames Schlabbern, wenn sich in der Trommel die Melange wälzt, während außen das Absinken der Temperatur auf minus vier Grad angezeigt wird.

Cristina hantiert mit Mixer, Gummispachtel,

Schneebesen und Schaufel, rührt und mengt und presst und mischt. »Die Arbeit ist hart wie die Arbeit eines Maurers, aber sie ist kreativ«, sagt sie und lässt die Muskeln am Oberarm spielen. Das fertige Eis füllt sie in Wännchen, die in die Kühltheke gehängt werden, auf der Oberfläche stets mit einem Wellenrelief verziert, als müsste das Eis onduliert sein. Doch kein Gerät ist so wichtig wie die große Waage, auf der die Eisfrau nach Hausrezept die Zutaten bemisst. Ein echter *gelato* schmeckt nur, wenn er ausgewogen ist.

Es ist schon vorgekommen, dass Cristina nicht präzise auf die Mengen achtete, weil sie an den Steuerberater oder andere Unannehmlichkeiten dachte, und das Eis ging daneben. Und regelmäßig errät ihre Freundin Laura, die Grafikerin aus der Nachbarstraße, die quasi täglich vorbeikommt, beim Eislutschen Cristinas Stimmungszustände. Gestern war sie sehr gut drauf, sagt Laura, ihr Eis war wundervoll. Und neulich hat sie gute Ratschläge gegeben für Lauras Ehekrise.

Eissalons sind Orte der kurzen Begegnung und des kleinen Vergnügens. Frauen und Männer jeden Alters und aller Klassen suchen Erfrischung an Cristinas großer Theke, in der vierundzwanzig Eissorten lagern, nach Farbe und Geschmack geordnet und laufend frisch hergestellt; Schokolade, Creme und Nuss gehen am besten. In elf Spielarten wird zudem *granita* offeriert, das feinteilige Wassereis, das mit Zucker und Früchten, Sirup oder Kaffee versetzt wird.

Sie suchen Rast vor diesem Schaufenster der

Schleckereien, der schwitzende Mann mit der schweren Reisetasche, der senegalesische Straßenhändler, die alten Ehepaare aus dem Viertel und die Händler aus der Nachbarschaft. Mitunter füllt sich das Lokal in einer einzigen Minute, viertelstundenlang sind die vier Tischchen und die Stühle allesamt besetzt, und plötzlich ist dann wieder alles gähnend leer. Mal steht Freundin Ada, die Immobilienagentin, in der Tür und berichtet von amourösen Abenteuern, mal regt sich fluchend der Anwalt vom Haus nebenan darüber auf, dass draußen jemand das Moped seiner Tochter zur Seite geschoben hat.

Eine Kundin zeigt auf den Eisschrank, der im Raum steht, und auf Cristinas Gesicht legt sich der Schreck: Irgendwie ist das Gerät wohl ausgegangen, die Eistörtchen, die darin lagen, sind geschmolzen. »Das ist Geld«, sagt Cristina. Achtzig Euro sind verloren, allerhand bei einem Tagesumsatz von etwa zweihundertfünfzig Euro.

Radiogedudel übermalt das Rauschen der Kühlgeräte und der Klimaanlage, Fabio sitzt auf dem Barhocker und klebt Etiketten auf die Styroporbehältnisse, in denen die Leute Eis mit nach Hause nehmen. Der Neunzehnjährige hilft seiner Mutter im Geschäft, eine technische Schulausbildung hat er vorerst abgebrochen. Seine Zukunft liegt im Vagen, schwärmerisch kostet er die Privilegien der Jugend aus, ein römischer *ragazzo,* der stolz darauf ist, ein *latino* zu sein, der an dunkelhäutige Frauen denkt und der jede Nacht, wenn um 0.30 Uhr die *gelateria* schließt, mit seinen Freunden durch die Stadt zieht. Freund Mauro, der Kellner, ist außer

Cristina der einzige Mensch, dem Fabio sein Moped leiht, nicht einmal dem eigenen Bruder würde er es geben.

Bruder Marco, mit zwanzig Jahren der Ältere, hat zur größten Zufriedenheit der Mutter soeben mit Bravour seine Ausbildung zum Werbegrafiker beendet und lebt beim Vater, der in einem anderen Stadtteil ebenfalls eine Eisdiele hat. Cristina war erst neunzehn, als sie heiratete. Länger als zwei Jahre hat sie, nachdem die Söhne geboren waren, nicht Hausfrau sein mögen. Sie arbeitete im elterlichen Hotel wie in dem Pub und der Kaffeebar, die sie später mit ihrem Mann betrieb – immer im Kontakt mit Menschen, was sie als ihren eigentlichen Beruf ansieht. Damals an der Hotelrezeption hat sie Leute vom Film getroffen, Sergio Leone, Robert De Niro und Federico Fellini. Marcello Mastroianni hat ihr den Hof gemacht, sein Foto mit Widmung hängt im Salon in der Via Bergamo an der Wand.

Auch an ihrer kühlen Theke lernt Cristina viele Männer kennen, erhält Einladungen, Telefonanrufe und – wir sind in Italien – tausend Komplimente. »Was für ein gutes Eis«, flöten die Charmeure, »von einer schönen Eisfrau hergestellt.« Neulich war ein Alter da, der sagte: »Ha, die schönen Frauen von einst, complimenti, complimenti, halten Sie sich so.« Ach, und die Männer von einst, sagt Cristina, die gibt es nicht mehr – die einer Frau den Hof machen und sie wirklich haben wollen. »Es ist sehr schwer, einen echten Mann zu finden.« Viele Männer sind verunsichert von den neuen, starken Frauen. Gestern Abend war sie aus mit jemandem, essen und am Kapitol spazieren, sehr romantisch, »vielleicht erlebe ich gerade eine neue Liebe«.

Eis zerschmilzt auf Zungen, Kühle verströmt im Raum, und im Grenadine-Glas wird sinnfällig, wie die Zeit vergangen ist. Fotos der Ahnen aus den Zeiten des »Königreichs des Eises« hängen an den Wänden, und Cristina erzählt. »Beim ersten Regen im Oktober kommt niemand mehr«, sagt sie. Dann wird sie die Leute locken mit Crêpe und *brivido caldo*, dem »heißen Schauer«, den sie erfunden hat: schmelzendes Eis verschiedener Sorten mit Sahne. Und diesen Herbst wird sie ein neues Rezept erproben, aus dem Piemont: in einem kleinen Glas ein Schuss Espresso mit zerlaufendem Schokoladeneis, darüber wird Orangenlikör gegossen. Damit das Eis auch schmeckt und tröstet, wenn in der Stadt nicht mehr die Hitze herrscht.

Drei Erzengel im Internet

Ein Streifzug durch den Vatikan enthüllt exotische Kontraste

Dies ist ein Land mit rund zehntausend Zimmern, und eines von ihnen ist das Internetbüro. Es befindet sich im Apostolischen Palast, drei Stockwerke unter den päpstlichen Gemächern. Gleißendes Neonlicht fällt auf fünf Schreibtische und fünfzehn Bildschirme, in der Luft liegt ein Surren, das vom Kühlgebläse der Apparaturen rührt, und Schwester Judith Zoebelein hat an ihrem Monitor das Bild eines Mannes namens Jesus aufgestellt, eine Miniatur-Ikone. Schirm und Prozessor nämlich stehen im Dienste christlicher Verkündigung, wie alles im Vatikan.

Schwester Judith, die dem Orden der »Franciscan Sisters of the Eucharist« angehört und eine braune Kutte nebst schwarzem Schleier trägt, ist Amerikanerin. Sie spricht mehrere Sprachen und ist mit Computern so vertraut, dass sie 1991 in die Abteilung Datenverarbeitung der Vermögensverwaltung des Apostolischen Stuhls berufen wurde. Inzwischen leitet sie das Internetbüro des Heiligen Stuhls, eine Reihe junger Informatiker stehen ihr zur Seite. Das Internet ist »für die universale Kirche das perfekte Instrument«, sagt Schwester Judith. Es befördert unbeschränkt Botschaften in alle Winkel der Welt, und eine Institution, die gerade dies zum Ziel hat, muss sich da einklinken.

Drei Erzengel hängen am World Wide Web. Michael, Gabriel und Raphael heißen die Computer, mit denen der Vatikan seit Ostern 1997 seine Internetstation betreibt. Papstreden sind ebenso im Angebot wie Konzilsbeschlüsse und Tagesmitteilungen, in acht Sprachen. Unter der Adresse *www.vatican.va* meldeten sich anfangs rund siebenhunderttausend Nutzer im Monat, nach zwei Jahren war die Zahl der Kontakte auf mehr als sechzehn Millionen gestiegen, und sie wächst immer weiter. Als 1996 in der Testphase die Weihnachtsbotschaft des Papstes ausgesandt wurde, konnte ein Priester in Kalifornien, neun Stunden der mitteleuropäischen Zeit hinterher, sie noch für seine eigene Festpredigt verarbeiten. Per E-Mail hat er sich bedankt.

Über Räume, Zeiten und Kulturen hinweg ist Rom der Mittelpunkt der katholischen Welt. Von hier aus steuert der Papst die Kirche mit einem Stab, der relativ geringen Aufwand treibt. Uralte Tradition prallt auf die Ansprüche der Moderne, es koexistieren Hubschrauberlandeplatz und höfisches Zeremoniell. Kontraste und Konfigurationen, die nirgends sonst zu finden sind, verbinden sich zu einem faszinierenden Gebilde, das seine Strukturen auf einem Streifzug nur nach und nach enthüllt.

Das Zentrum ist St. Peter, die größte Kirche der Christenheit, die alltäglich die globale Dimension des Katholizismus reflektiert, besonders morgens zwischen sieben und acht Uhr. Priester aus allen

Kontinenten, die in Rom zu Besuch sind, eilen dann über die glänzenden Marmormuster zur Sakristei, wo ihnen Don Piero, der Sakristan, und seine Helfer ein Messgewand aushändigen und einen der dreiunddreißig Altäre zuweisen. Mit dem Kelch sieht man die Geistlichen danach zu ihren Plätzen schreiten, hier liest einer die Messe still für sich, dort hat ein zweiter sieben Nonnen um sich versammelt, ein dritter steht mit einer Reisegruppe am Altar, und aus einer Grotte schallt Gesang herauf.

Es sind oft mehr als fünfzig Priester, die sich nach diesen Morgenmessen in der geräumigen Sakristei ins Registerbuch einschreiben. Für manchen Dorfpfarrer aus einem fernen Land ist es ein außerordentliches Erlebnis, meint Don Diego, ein Helfer des Sakristans. Auch er hat gerade eine Messe zelebriert, hat das violette Zeremonialgewand ausgezogen und auf den Tisch der Sakristei gelegt, einen weißen Chorrock hält er noch auf dem Arm. »Hier spürt man«, sagt er, »die Kirche im Großen.«

Im Kleinen, im Römisch-Lokalen hat sie nicht weniger exotisches Kolorit. Rund dreitausendsechshundert Menschen aus aller Welt arbeiten bei den Behörden des Heiligen Stuhls und des Vatikanstaates, dreizehnhundert von ihnen sind Priester, die übrigen zweitausenddreihundert sind Laien, einige Hundert davon Römer, die jene Alltagsdinge besorgen, die auch diese besondere Gemeinschaft hinter ihren hohen Mauern nötig hat: Müllabfuhr, Heizung, Fuhrpark, Polizei und Gesundheitswesen etwa. Es existiert ein kaum noch benutzter Bahnhof, eine Tiefgarage wurde für das Jahr 2000 gebaut. Auch ein Himmelsobservatorium gehört zum Bestand, ausgelagert nach Castelgandolfo.

Vatikanbedienstete können zudem im Schatten der Kathedrale mit Sonderausweis günstig einkaufen, Kleider, Tabak und Elektrogeräte etwa. Die Tankstelle verkauft Benzin um ein Drittel billiger als außerhalb des Vatikans, an der Kasse des Supermarkts sitzen junge Männer in blauen Pullovern, und in der Apotheke hängen ebenso ein Papstbild und ein Kruzifix wie in den Pförtnerlogen, im Postamt, in der Redaktion des *Osservatore Romano* oder im Wachlokal der Schweizergarde.

Des Papstes Leibsoldaten schieben einen harten Dienst, besonders am St. Annen-Tor, wo unentwegt Autos und Fußgänger ein- und ausströmen. Der Vatikan ist ein Pendler- und Gastarbeiter-Staat, es wohnen hier nur etwa vierhundertsiebzig Menschen, und die sind nicht einmal zur Hälfte auch vatikanische Staatsbürger. Als solche sind die hundertzehn Soldaten der Schweizergarde, die rund zweihundertsechzig päpstlichen Diplomaten in aller Welt, gut fünfzig Kurienkardinäle sowie rund fünfzig Priester und etwa fünfundzwanzig Laienbedienstete anzusehen, im Ganzen über fünfhundert Personen, die fast alle auch die Staatsbürgerschaft ihres Heimatlandes haben. Nur fünfundzwanzig Vatikanbürger sind weiblich – Gattinnen und Töchter von Laienbediensteten oder höheren Chargen der Schweizergarde. Mindestens eine von ihnen ist Protestantin: die Ehefrau des Kommandanten der Schweizergarde. Mehr als zweihundert Mönche und Nonnen sowie über vierzig Laien leben im Vatikan, ohne seine Staatsbürgerschaft zu besitzen.

Ihre Lebensregungen sind eher unauffällig, freilich gibt es im Vatikan auch Leute wie den Garde-Korporal Pino Coco, der ein Motorrad Marke Harley Davidson fährt und auch öfters in den Vatikanischen Gärten Radtraining macht, den Hügel hinauf, vorbei an gepflegten Rabatten und Buchsbaumhecken, die in wundersamen Formen geschoren sind. Die Gardisten haben auch einen eigenen Fußballclub, den FC Guardia, und regelmäßig messen sie ihre Kräfte mit den Teams des *Osservatore Romano*, der Vatikanischen Museen, des Geheimarchivs, der Post, der Vatikanbank IOR oder der technischen Abteilungen. Im Frühling 1998, während einer mehrwöchigen Asien-Synode, wurden morgens regelmäßig auch ein gutes Dutzend Bischöfe in den vatikanischen Gärten beim Joggen gesehen.

Ein Ort für Freizeitvergnügungen wird der Staat des Papstes damit noch nicht. Gebet und Arbeit zeichnen hier die Tage. Früh um sieben Uhr begeben sich die Franziskanerpatres aus dem Palazzo del Tribunale in die Beichtstühle von St. Peter. Sie sind zu dreizehnt, stammen aus verschiedenen Ländern, sind in Sprachen bewandert, in kanonischem Recht und Moraltheologie geprüft von einer Kommission des Apostolischen Bußgerichts. Die Beichtväter arbeiten schichtweise, je vierundzwanzig Stunden die Woche und je vier Stunden am Tag, denn länger kann man sich kaum konzentrieren. Katholiken aus aller Welt sagen ihnen ihre Sünden ins Ohr, darunter viele Priester und Ordensleute, und niemals dürfen die Patres darüber reden. Es ist eine schwere Belastung, wie einer der Beichtväter zugibt. Manche tragen diese Mühsal schon seit Jahrzehnten und würden lieber einmal etwas anderes tun, der Job ist keineswegs begehrt. »Hier kann allerhand ankommen«, sagt der Kapuziner.

Dass die Orden im Vatikan gewisse Aufgaben wahrnehmen, hat Tradition. So wie die sogenannten konventualen Franziskaner für die Beichte in St. Peter zuständig sind, ist den Jesuiten Radio Vatikan übertragen, die vatikanische Druckerei den Salesianern und die Post dem *Ordine di Don Orione*, wobei unter der Leitung der Ordensbeauftragten jeweils auch Laien als Beschäftigte wirken. In der Telefonzentrale sitzen Nonnen der *Famiglia Paolina*, in der Apotheke führen die Barmherzigen Brüder das Heft, die Augustiner besorgen die päpstliche Sakristei, päpstlicher Haustheologe ist traditionell ein Dominikaner, und Prediger des Päpstlichen Hauses ist der Kapuzinermönch Raniero Cantalamessa.

Er hält vor großen Festtagen geistliche Betrachtungen, in die prächtige Sala Clementina werden dazu von der Präfektur des Päpstlichen Hauses alle Kardinäle und Patriarchen geladen, ferner die Erzbischöfe und Bischöfe, die Sekretäre der Kongregationen, die Prälaten der Päpstlichen Familie, der Römischen Kurie und des Vikariats von Rom sowie die Generaloberen und Bevollmächtigten der Orden, die der Päpstlichen Kapelle angehören.

Dies ist die Lebenswelt des Vatikans, und wenn der Papst einen Diplomaten empfängt, dann geschieht dies nach festem Zeremoniell. Ein Attaché des päpstlichen Vorzimmers und zwei Kammerherren Seiner Heiligkeit holen den Gast ab, im Sankt-Damasus-Hof erweist die Schweizergarde ihm die Ehre. Am Fahrstuhl wartet ein weiterer Kammerherr, auf dem Papstflur in der zweiten Loggia stehen weitere Attachés sowie die *Sediari*, die einstigen Träger des päpstlichen Tragesessels, die nach dessen Außerdienststellung andere Aufgaben haben. In der Sala Clementina empfängt der Prälat des Päpstlichen Vorzimmers den Besucher, um ihn in die Privatbibliothek zum Papst zu führen. Für Staatsbesucher ist das Protokoll noch ausladender, es stehen dann zur Begrüßung auch der Präfekt des Päpstlichen Hauses, der Sonderbeauftragte der Päpstlichen Kommission für den Staat der Vatikanstadt und der Kommandant der Schweizergarde bereit, ferner der Päpstliche Almosenverwalter und der Thronassistent, der ein römischer Fürst ist.

Feiert der Papst aus besonderem Anlass eine Messe, dann gibt Monsignore Piero Marini, der Meister der Päpstlichen Liturgischen Feiern, dafür Anweisungen zur Kleiderordnung aus. Das Gewand richtet sich nach dem Rang, denn der Vatikan ist in straffer Hierarchie verfasst. Die dreizehnhundert Priester sind die herrschende Kaste, sie steigen nach fünf Jahren vom Don zum Monsignore auf, nach weiteren zehn Jahren zum Ehrenprälaten Seiner Heiligkeit, danach zum Apostolischen Protonotar oder zum Bischof, Erzbischof und Kardinal. Kardinäle redet man als Eminenzen an, Bischöfe als Exzellenzen, den Papst als Seine Heiligkeit.

Der Vatikan ist eine höfische Gesellschaft, eine absolutistische, religiöse Monarchie, in welcher der Papst gleichzeitig Präsident, Regierungschef, Parlament und Oberstes Gericht ist und alle wichtigen Personalentscheidungen trifft. Die Kurie ist sein Instrument zur Leitung der Kirche, zergliedert nach sogenannten Dikasterien. Dies sind das Staatssekretariat als zentrale Stabsstelle, die drei Gerichtshöfe, drei sogenannte Büros sowie die neun Kongregationen und elf Päpstlichen Räte. Es gibt unter anderem Kongregationen für Glaubensdoktrin, für Bischöfe, Klerus, Orden, Gottesdienst und Heiligsprechung. Päpstliche Räte sind unter anderem befasst mit den Laien, den Familien, den Medien, dem Dialog der Religionen oder der Krankenseelsorge.

Nur die wenigsten dieser Behörden sind in der Vatikanstadt ansässig, denn die ist zu klein dafür. Sie residieren vielmehr in extraterritorialen Gebäuden in Rom, großenteils in unmittelbarer Nähe. Mit Ministerien lassen sich die vatikanischen Ressorts nur bedingt vergleichen. An ihrer Spitze stehen Kardinäle oder Erzbischöfe, sie präsidieren einem mehr oder minder großen Kollegium von anderen Kardinälen und Bischöfen aus aller Welt, die einmal jährlich Vollversammlung halten. Auch die Bediensteten kommen aus aller Welt, man arbeitet in mehreren Sprachen, wiewohl die Italiener noch immer das stärkste Kontingent stellen und italienisch noch immer die Umgangssprache der Kirchenelite ist.

Höchst altertümlich sind die Dienstbezeichnungen. Da gibt es unter den Abteilungsleitern Leute, die als *minutante* (Schreibkraft), *aiutante di studio* (Kanzleigehilfe), oder *adetto di segreteria* (Sekretariatsangestellter) erster und zweiter Klasse tituliert werden; in Wahrheit sind sie Akademiker und würden anderswo als Ministerialräte und Referenten angesprochen. Auch technische Angestellte und *scrittori* (Schreiber) sind in eine erste und eine zweite Klasse unterteilt.

Alle führenden Funktionen und auch viele normale Beamtenstellen sind mit Geistlichen besetzt, insofern ist der Vatikan ein Priesterstaat. Einige Laien sind indes inzwischen bis zur Ebene der Untersekretäre aufgestiegen, was etwa dem Rang eines Staatssekretärs in Deutschland entspricht. Priester sind speziell ausgebildet und dem Papst besondere Treue und Gehorsam schuldig, ihre Ehelosigkeit macht sie verfügbar, erst mit siebzig Jahren gehen sie in Pension, und Überstunden bekommen sie nicht bezahlt. »Das ist die Schlagkraft der Kirche«, sagt ein Geistlicher.

Geld darf keine Rolle spielen. Vatikanbeschäftigte verdienen zwischen etwa achthundert und eintausendzweihundertfünfzig Euro im Monat, Steuern sind davon nicht zu zahlen, wohl aber Renten- und Krankenkassenbeiträge von rund zehn Prozent. Nur hohe Geistliche bekommen mehr, Kardinäle etwa zweitausend Euro plus Zulagen je nach Betätigung. Wer von ihnen in einem der zahlreichen Häuser wohnt, die die Kirche und ihre Untergliederungen in Rom besitzen, zahlt zudem eine sehr günstige Miete.

Auch die Arbeitszeit ist kommod. Seit 1982 gilt die Sechsunddreißig-Stunden-Woche, meist arbeitet man montags bis samstags von acht bis vierzehn Uhr (und mancher Laien-Angestellte beim Staat der Vatikanstadt übt nachmittags einen Zweitberuf in Rom aus). Gekündigt werden können Vatikanbeamte nicht, Versetzungen sind einvernehmlich zu regeln.

Dies heißt nicht etwa, dass der Vatikan gewerkschaftsfreundlich wäre, im Gegenteil: Die Vereinigung der Laienbediensteten des Vatikans (ADLV), die unter einem großen Torbogen am Belvedere-Hof ein Büro und einen Besprechungsraum hat, bemüht sich seit Jahren vergebens um nachhaltige Interessenvertretung. Vierzehn Jahre lang existierte die 1979 gegründete Organisation gewissermaßen im Untergrund, erst 1993 erkannte Papst Johannes Paul II. sie als Gesprächspartner an. Gleichwohl fühlt sie sich im Alltag diskriminiert, ihr Einfluss ist gering. Tarifverhandlungen gibt es nicht, sondern allenfalls Gespräche mit dem 1989 gegründeten Büro für Arbeit des Apostolischen Stuhls. Die Zahl der Mitglieder der Laienvertretung geht seit Jahren stetig zurück, von gut zweitausend auf weniger als sechshundert.

Die rund dreizehnhundert Priester sind überhaupt nicht organisiert. Dafür haben manche von ihnen Arbeitsplätze, die ihresgleichen suchen. Wer etwa den Monsignore Vittorio Formenti besucht, den Leiter des Statistischen Büros der Kirche, der wird von Schweizer Gardisten über marmorne Treppen und Flure geleitet, vorbei an Wandgemälden. Im Besucherzimmer nimmt man auf barocken Sitzen Platz, doch steht die aus Jahrhunderten ererbte Pracht durchaus im Gegensatz zur kargen personellen Ausstattung der Büros. »Wir machen alles selber«, sagt Monsignore Formenti. Sekretärinnen haben nur die großen Chefs, also nehmen Sachbearbeiter selbst Notizen auf, ziehen Fotokopien und schreiben Texte auf Computer oder Schreibmaschine. Monsignore Formenti hat früher sechzehn Jahre lang die Korrespondenz des Papstes gesichtet, tausend Briefe täglich in drei Säcken. Er weiß, dass für die vermutlich weit weniger umfangreiche Post des italienischen Staatspräsidenten sechzehn Bedienstete aufgeboten sind, »und wir waren vier«.

Der Apparat Seiner Heiligkeit arbeitet in vieler Hinsicht effektiv, aber »es kann auch ganz schnell etwas versenkt werden«, wie ein hoher Vatikanbeamter sagt. Die Urteile sind nicht einheitlich. Es gibt Diplomaten, die des Lobes voll sind über ihre Erfahrungen mit bestimmten Abteilungen, und es gibt den früheren Innsbrucker Bischof Reinhold Stecher mit dem Vorwurf, manche Gesuche würden zehn Jahre lang nicht bearbeitet. Nahezu sprichwörtlich ist die Bemerkung des venezolanischen Kurienkardinals Rosalio José Castillo Lara von der *inertia vaticana*, der vatikanischen Trägheit, geworden. Und Papst Johannes XXIII. (1958–1963) hat einmal bei einem Besuch des damaligen US-Präsidenten Dwight D. Eisenhower auf dessen Frage, wie viele Leute im Vatikan arbeiteten, grinsend geantwortet: »Ich hoffe, die Hälfte.«

Dabei sind die Wege kurz, man kann fast jeden anrufen, außer den Papst natürlich. Groß ist intern die Bandbreite der Meinungen. »Der Vatikan ist vielstimmig«, sagt ein Insider, und ein anderer ergänzt: »Der Vatikan sieht nach außen aus wie eine homogene Struktur, aber ich habe selten etwas so Heterogenes gesehen.« Ein dritter meint: »Es wird nach oben hin immer enger, je mehr sich die Pyramide zuspitzt.« Auf allen Stufen aber sind sich die Beschäftigten bewusst, dass sie bei einem ganz besonderen Arbeitgeber tätig sind, und viele sind sehr stolz darauf, für den Papst zu arbeiten. Unter römischen Arbeitnehmern ist ein Job beim Vatikan, etwa als Gärtner oder Gabelstaplerfahrer, sehr begehrt, die Nachfrage ist weit größer als der Bedarf.

Die Dienstleistungen, die das Unternehmen bietet, sind sonst nirgends auf der Welt zu finden. Es gibt da beispielsweise, auch für Außenstehende über die Porta Sant' Anna zugänglich, die Apostolische Almosnerei, auf Italienisch *Elimosineria Apostolica* geheißen. Sie besteht seit wenigstens acht Jahrhunderten, und sie verteilt im Namen des Papstes bescheidene Spenden an Arme, Witwen und Waisen sowie an karitative Organisationen. Ihr Sitz befindet sich hinter dem Annen-Tor in der Via del Pellegrino, und im Erdgeschoss trifft man auch auf eine Amtsstube, in der man mittels Antragsformular für katholische Verwandte oder Freunde den Apostolischen Segen des Papstes bestellen kann, aus Anlass einer Hochzeit oder eines runden

Geburtstags zum Beispiel. Der Beschenkte erhält eine Pergamenturkunde, auf der in Schönschrift der Segensgruß und sein Name eingetragen sind. An einer Pinnwand sind insgesamt vierzig verschiedene Modelle zur Auswahl ausgehängt, zum Preise von etwa drei bis zwanzig Euro; der Erlös ist für die Armen bestimmt. Es herrscht reger Betrieb, am Tag werden im Schnitt mehr als zweihundert solche Papstsegen ausgegeben.

Im Zwielicht zwischen Päpsten und Paten

Andreotti – rechtschaffener Römer oder Mordgehilfe der Mafia?

Andreotti betend, weltentrückt in sich versenkt – das Bild ist derart einprägsam, dass man sich den anderen Andreotti, den die Zeitungen unverfroren Beelzebub nennen und mit wild aufgerissenen Augen abbilden, daneben nicht recht vorstellen kann. Der Freund der Päpste soll auch Freund der Drogenbosse sein? Don Canciani kennt ihn anders, hat ihn oft und oft in der Messe beobachtet, wie er unbeweglich mit gekrümmtem Rücken in der Kirchenbank verharrte, hat ihm die Kommunion gespendet und die Beichte abgenommen. Und so einer soll sich gemein gemacht haben mit Mördern, soll mit dem Bösesten der Bösen den Freundschaftskuss getauscht haben? »Was für Küsse denn«, erregt sich Don Canciani, »Andreotti küsst doch nicht einmal seine eigenen Familienangehörigen.«

Andreotti wohnt mit seiner Frau unweit des Tibers in der Altstadt von Rom, zwischen jenen Polen, die sein Leben prägten. Keine zehn Minuten läuft man zum Vatikan, in der Gegenrichtung ist es nicht viel weiter bis zum Parlament und zum Amtssitz des Ministerpräsidenten. Um die Ecke, am Ende der Via Giulia, liegt San Giovanni Battista dei Fiorentini, die Kirche, in der Don Mario Canciani der Pfarrer ist. An Sonn- und Feiertagen trägt hier Andreotti manchmal vom Altar die Lesungen aus dem Evangelium vor.

Giulio Andreotti ist ein frommer Katholik. Den täglichen Messgang hat er sich nicht erst als Greis angewöhnt, sondern schon als Jugendlicher. Auf Staatsbesuchen pflegte er früher darauf zu achten, dass auch in gedrängtesten Programmen Zeit blieb für den Frühgottesdienst. Von Gott und Religion zu reden, ist ihm etwas Selbstverständliches. »Vor Gott bin ich unschuldig«, hat er gesagt. Oder: »Vielleicht war ich zu sehr an ein Leben voller Ehrungen gewohnt, und ein bisschen Asche auf mein Haupt tut mir jetzt gut.«

Man könnte solche Bemerkungen leichthin beiseite schieben, wären sie von erheucheltem Pathos durchtränkt. Aber Andreotti äußert und bewegt sich auch in diesen Jahren seiner schwersten Krise in jener ungekünstelten, fast spröden Art, die er als ererbten Charakterzug des Römers ansieht und die ihn so unergründlich und so unbeirrbar erscheinen lässt. Die Faszination seiner Persönlichkeit ist ebenso ungebrochen wie sein Kampfesmut. Darum hatte sich Italien, hatte sich die Welt auf Widersprüchlichkeiten und Unvereinbarkeiten ohne jedes Maß einzulassen, als dieser außerordentliche Mann in Palermo und in Perugia vor Gericht gestellt wurde.

Man hat das Verfahren als Prozess des Jahrhunderts bezeichnet, und man kann derlei Superlative mehr aufhäufen. Der Fall kennt keine Parallelen.

Wo sonst ist ein Politiker in fast fünf Jahrzehnten einundzwanzigmal Minister und siebenmal Ministerpräsident gewesen, um dann am Ende mit der Aussicht konfrontiert zu werden, seine beispiellose Karriere im Zuchthaus zu beschließen? Wo sonst hätte ein Staatsmann in aller Welt Präsidenten, Kanzler, Parteichefs, Boschafter, Generäle und Kardinäle getroffen und sich dann im Ruhestand als Mafioso und Auftraggeber eines Mordes bezichtigen lassen müssen?

Andreotti war jahrzehntelang Italiens bekanntester Politiker und einer der mächtigsten dazu. In seiner sanft gebuckelten Gestalt verkörperte sich nachgerade eine Epoche, jene lange Nachkriegszeit, die 1992 in Schande kollabierte. »König Giulio« war eine so sehr kenntliche Erscheinung, dass die Zeitungen ihn von hinten abbilden konnten, den Kopf in die Schultern geduckt, die Ohren abgewinkelt. Er imponierte mit unverwüstlicher Schlagfertigkeit, unvergessen ist sein Bonmot: »Die Macht verschleißt nur den, der sie nicht hat.« Andreotti war der Hauptdarsteller eines italienischen Prototyps, des *furbo,* des gerissenen Schlaumeiers – in unzählige politische Affären verwickelt und doch über sechsundzwanzig parlamentarische Untersuchungsausschüsse nicht gestürzt. »Es ist noch niemandem gelungen, mich in den Sack zu stecken«, hat er einmal gesagt.

Das war lange vor jenem 26. September des Jahres 1995, an dem er in der sogenannten Aula Bunker, dem großen Gerichtssaal im palermitanischen Hochsicherheitsgefängnis Ucciardone, den Platz des Angeklagten einnahm und auf den hellbraun glänzenden Tisch sein schweres Notizbuch legte. Straff hatte er den Oberkörper aufgerichtet, und niemand hat ihn in all den Sitzungen, die seither in diesem Verfahren in Palermo und in einem wenig später eröffneten zweiten Prozess in Perugia stattgefunden haben, je in der Pose des Verzweifelten gesehen.

Andreotti wahrte Haltung. Lichtjahre schien er entfernt von all den ungeheuerlichen Skandalen, die in diesen Prozessen zur Sprache kamen. Es macht den Fall Andreotti zu einer italienischen Monstrosität, dass die Ungeheuerlichkeit der Vorwürfe so schwer in Einklang zu bringen ist mit dem Bild des stillen, hilfsbereiten, bescheidenen Pedanten, der in einem Umfeld unabwendbarer Verspätungen so viel auf Pünktlichkeit hielt und der jeden Abend etwas in sein Tagebuch einträgt. Wie viele tausend Briefe hat er im Lauf seines politischen Lebens nicht gewissenhaft beantwortet, wie viele tausend Bittsteller hat er nicht in seinem legendären Büro an der Piazza San Lorenzo in Lucina in der Altstadt von Rom empfangen? Wie vielen Menschen hat er nicht geholfen?

Andreotti, der Fleißige, der Umtriebige und Belastbare, schöpft seine staunenswerte Vitalität nach eigenen Worten aus einem intensiven, kurzen Schlaf. Als ihm im Frühjahr 1993 die Eröffnung des staatsanwaltschaftlichen Ermittlungsverfahrens seinen Schlaf zeitweise raubte, fürchtete er, verrückt zu werden. Später musste er sich einen Tumor aus dem Kopf entfernen lassen, seine Frau erlitt einen

Nervenzusammenbruch. Doch hat ihn all dies nicht abgehalten, sich rasch im öffentlichen Leben zurückzumelden – er kann es offenkundig nicht entbehren, gerade auch in schweren Zeiten nicht.

Giulio Andreotti ist seit 1991 Senator auf Lebenszeit. Dies ist ein Ehrenamt, in das man vom Staatspräsidenten wegen höchster Verdienste um das Vaterland berufen wird. Der Philosoph Norberto Bobbio und der Fiat-Chef Giovanni Agnelli etwa sind in gleicher Weise ausgezeichnet worden. Keinem Inhaber wird es verübelt, wenn er den parlamentarischen Austragsjob mit leichter Hand versieht, doch war Andreotti, der nie inhaftiert wurde, auch in den Jahren, da seine Prozesse bevorstanden oder liefen, häufig auf Plenarsitzungen des Senats und bei Ausschussberatungen anzutreffen. Man sah ihn in Papieren blättern und merkte an seinen Wortmeldungen, dass er den Gang der Dinge genauestens verfolgte. Ein Vollprofi, reich an Erfahrungen und Kenntnissen, war da in Aktion. Als ließe ihn der Wirbel um seine »persönlichen Angelegenheiten« ziemlich kalt, befasste er sich noch kurz vor Prozessbeginn ostentativ mit Staatsverträgen, reiste nach Damaskus zu Staatschef Hafis al Assad, nahm in New York an einer Parlamentarierkonferenz teil und ließ sich in Texas vom früheren Präsidenten George Bush bewirten.

Die Außenpolitik ist das weite Feld, auf dem sich Giulio Andreotti gern noch etwas nützlich gemacht hätte. Dass er just am 26. September 1995 in Palermo zur Prozesseröffnung erscheinen musste, war ihm nicht nur deshalb zuwider, weil sich tags zuvor zum fünfzigsten Mal der Tag gejährt hatte, an dem er erstmals als Parlamentarier tätig geworden war, 1945 in der beratenden Versammlung, die den Neuanfang nach dem Zweiten Weltkrieg in die Wege leitete. Es ärgerte ihn auch deshalb, weil er für den Tag danach vom früheren sowjetischen Parteichef Michail Gorbatschow zu einem Forum nach San Francisco geladen war. Dies mitzuteilen, war ihm wichtig, denn derlei bedeutende Verpflichtungen kennzeichnen ihn als einen, der wirklich Wichtigeres zu tun hat, als sich mit Mafia-Vorwürfen zu befassen. Es ließ ihn als Mann mit gutem Gewissen erscheinen – und die gegen ihn erhobenen Vorwürfe als belanglos.

Doch sie waren es keineswegs, und Andreotti musste sich notgedrungen nun doch mit der Mafia beschäftigen, einem Thema, von dem er »nie viel gewusst« haben will. Er las Bücher und Zeitungsartikel, und er studierte die vielen tausend Seiten, die die Staatsanwälte Guido Lo Forte, Roberto Scarpinato, Gioacchino Natoli sowie ihr Chef Giancarlo Caselli gefüllt haben: die Anklageschrift des Prozesses in Palermo nebst Anlagen. Die wichtigsten dieser Dokumente, eine Auswahl nur, erschien 1995 als Buch, neunhundertsechsundsiebzig Seiten stark, unter dem Titel »Die wahre Geschichte Italiens«.

Giulio Andreotti, geboren in Rom am 14. Januar 1919, wohnhaft dortselbst, wurde angeklagt der Mitwirkung in einer kriminellen Vereinigung mafiosen Charakters. Giulio Andreotti soll, so behaupteten die Staatsanwälte, nicht nur der Mafia als Schirmherr gedient und ihre Verfolgung hintertrieben, sondern der Verbrecherorganisation quasi angehört haben. Giulio Andreotti soll dafür gesorgt haben, dass Corrado Carnevale, der langjährige Chef einer Kammer beim Kassationsgericht in Rom, Gerichtsurteile gegen Mafiosi im Berufungsverfahren reihenweise aufhob. Giulio Andreotti soll Kontakt zu Mafiabossen gehalten haben, auch zu dem berüchtigten Salvatore Riina, dem *capo dei capi,* der 1993 nach über zwanzig Jahren erfolgloser Fahndung endlich in Palermo gefasst wurde. Giulio Andreotti soll sich mit Riina sogar 1987 in Palermo in der Wohnung des Steuereinnehmers Ignazio Salvo getroffen haben. Er soll dabei nach dem Augenzeugenbericht eines später ausgestiegenen Mafioso von Riina auf beide Wangen geküsst worden sein – für die Staatsanwälte ein bedeutungsvolles Zeichen der Gemeinsamkeit, aber zugleich auch eine Warnung an Andreotti, der sich damals habe von der Mafia entfernen wollen.

Der mächtige Christdemokrat hatte seinerzeit in Sizilien einen wichtigen Helfer, den Abgeordneten Salvatore Lima. Dieser war in Palermo einer der führenden Männer, eine Zeit lang auch Bürgermeister, ein klassischer politischer Patron mit Mafiaverbindungen. Er wurde 1992 auf offener Straße von der Mafia erschossen, weil er offenbar nicht willfährig genug war. Lima galt viele Jahre lang als Andreottis »Vizekönig« in Sizilien, und König war Andreotti in diesem Sinn vor allem in seiner Eigenschaft als Anführer einer sogenannten *corrente,* einer der Gefolgschaften innerhalb der Democrazia

Cristiana, die nach feudalistischer Manier um Einfluss und Posten konkurrierten. Die *corrente* war einer der Pfeiler von Andreottis Macht, und diese Macht beruhte nach Überzeugung der Staatsanwälte unter anderem darauf, dass Lima und seine Helfershelfer mit Andreottis Wissen in Sizilien einen Pakt mit der Mafia eingegangen waren. Die Mafia habe bei Wahlen auf lokaler oder nationaler Ebene die von ihr kontrollierten Stimmen ihrer Mitglieder, ihrer Unterstützer und die Stimmen von deren Familienangehörigen der DC-Corrente Andreottis zugeführt und im Gegenzug die politische Begünstigung ihrer vielfältigen, auch ökonomischen Interessen verlangt.

Und dann zu denken, dass Andreottis Macht zu einem anderen Teil gewiss auf seinen ausgezeichneten Verbindungen zum Vatikan beruhte, wo er 1942 den späteren DC-Führer und Ministerpräsidenten Alcide De Gasperi kennengelernt hatte. De Gasperi erkannte sein Talent, ermunterte ihn zu politischer Betätigung und machte ihn später zu seinem engen Mitarbeiter und Staatssekretär. Die Päpste Pius XII. und Paul VI. schätzten Andreotti als Vertrauten, und jahrzehntelang war der Respekt für ihn in der Kurie allgemein. Als er 1993, frisch beschuldigt, an einer Bischofsweihe teilnahm, bereiteten ihm die versammelten Prälaten eine Ovation der Solidarität zum Dank dafür, dass er 1983 die Vatikan-Bank IOR gerettet hatte, die damals in den Zusammenbruch der Mailänder Banco Ambrosiano verwickelt war.

Es ist dies einer jener gigantischen Skandale, die

der italienischen Nachkriegszeit ihren Stempel aufgedrückt haben, und natürlich blieb es nicht aus, dass er in den Prozessen in Palermo und Perugia zur Sprache kam. Zu reden war in diesem Zusammenhang auch über die berüchtigten Freundschaften des Politikers mit überaus zwielichtigen Gestalten. Giulio Andreotti soll den als Geldwäscher der Mafia verdächtigten Bankier Michele Sindona unterstützt haben, der 1974 einen Bankrott hinlegte und 1986 im Gefängnis starb, nachdem er eine offenbar vergiftete Tasse Espresso getrunken hatte. Giulio Andreotti soll nicht bloß Tuchfühlung zu Licio Gelli, dem Chef der berüchtigten Geheimloge P2, gehabt haben, sondern insgeheim der eigentliche Führer der P2 gewesen sein. Giulio Andreotti wurde ferner vor dem Gericht in Perugia zusammen mit einem früheren Vertrauten, dem Ex-Minister Claudio Vitalone, und dem Mafiaboss Pippo Calò der Beihilfe zum Mord an dem Journalisten Mino Pecorelli angeklagt. Dieser hatte 1979, ehe er von Helfern der Mafia umgebracht wurde, mit der Enthüllung unliebsamer Details zur Entführung und Ermordung des christdemokratischen Parteichefs Aldo Moro gedroht; auch Andreotti hätte von einer solchen Veröffentlichung Schaden für sich befürchten müssen.

Ist es denkbar, dass all diese Vorwürfe wahr sind? Ist es denkbar, dass der fromme Christdemokrat Giulio Andreotti der geheimnisvolle »große Alte« war, der Regisseur der Finsternis, der die Nachtseite der italienischen Nachkriegszeit beherrschte? Ist es denkbar, dass ein Mensch so tief in sich selbst gespalten ist und ein solches Doppelleben führt?

Oder aber ist Andreotti zur Zielperson des abgefeimtesten Komplotts geworden, Opfer einer Mafia-Intrige ohne Beispiel, gesteuert über ausgestiegene Mafiosi, die als Belastungszeugen lügen, dass sich die Balken biegen? War dies gar ein politischer Prozess, den man ihm da gemacht hat? Andreotti selber sieht es so. Er sei kein Mafioso, erklärte er, er kenne keine Mafiabosse, er sei schon vor der Zusammenarbeit mit dem Sizilianer Salvo Lima ein mächtiger Mann gewesen. Andreotti hat in Interviews mal Lobbys in den USA, mal ausländische Geheimdienste, mal die internationalen Drogenkartelle als mögliche Drahtzieher hinter der Verschwörung gegen ihn benannt. Man wolle sich dafür rächen, dass er als Regierender aktiv das organisierte Verbrechen bekämpft habe. »Man gibt mir die Schuld für alles außer für die Punischen Kriege«, sagte er.

Und blieb auch als Angeklagter, der mit pedantischer Regelmäßigkeit an seinen Prozessen in Palermo und Perugia teilnahm, eine Zwitterfigur, der finsterste Verdächtigungen ebenso zuteil wurden wie strahlendste Sympathiebezeugungen. Da hatte er sich einerseits vor Gericht die Aussagen einer ganzen Reihe ausgestiegener Mafiosi anzuhören, die ihn mit detaillierten Beschreibungen schwer belasteten und etwa berichteten, in Mafiakreisen sei Andreotti »der Onkel« oder »der Buckel« genannt worden. Und er durfte andererseits Ende November 1995 im Vatikan bei einer internationalen Konferenz über Gesundheitsfragen eine Podiumsdiskussion leiten und mit Genugtuung erleben, dass Papst Johannes Paul II. ihn vor aller Augen mit bedeutungsschwerem Händedruck begrüßte.

Einerseits erfuhr Andreotti im Gerichtssaal aus dem Mund früherer Mafiosi, dass einmal ein Attentat gegen einen seiner Söhne geplant worden war. Es sollte eine Strafe für ihn selbst sein, weil er in einer bestimmten Phase nicht dafür gesorgt habe, dass die im sogenannten Maxi-Prozess in Palermo verurteilten Verbrecher in zweiter Instanz freigesprochen wurden. Und andererseits konnte der Achtundsiebzigjährige im März 1997 in der Zeitung lesen, der Politiker Franco Marini als Chef der Volkspartei, einer der Nachfolgeparteien der Democrazia Cristiana, habe ihn als »einen der großen italienischen Führer der Nachkriegszeit« bezeichnet.

Keineswegs rückte der Angeklagte Andreotti häufiger ins Bewusstsein der Öffentlichkeit als der einstige Politiker. Ende 1996 veröffentlichte er ein weiteres Buch mit Erinnerungen und demonstrierte damit, dass er durch die Prozesse keineswegs aus dem Takt seiner Produktivität gekommen war. Er gab auch laufend Interviews, schrieb Beiträge für Zeitungen und leitete über Jahre als Chefredakteur unverdrossen die katholische Zeitschrift *30 giorni,* die allmonatlich einen Leitartikel aus seiner Feder bringt. Andreotti sprach im Senat, bestens vorbereitet wie immer, zur Erweiterung der Nato und brachte erfolgreich einen Antrag zur Verschiebung eines Referendums ein. »Mafioso in Palermo und Weiser in Rom, Mörder in Perugia und Staatsmann im Senat – nie war das Paradoxon Andreotti so klar wie gestern«, kommentierte dies am 4. April 1997 der *Corriere della Sera*.

Es versteht sich von selbst, dass Andreotti auch all die Jahre lang weiterhin zur Messe gegangen ist. »Wenn ich den Glauben nicht hätte, dann würde ich verrückt werden«, hat er Don Canciani, seinem Pfarrer, gesagt. Und einmal, in einem seltenen Augenblick persönlicher Offenbarung, hat er auch eingestanden, wie viel Schmerzen ihm die Angriffe und Anklagen der vergangenen Jahre doch bereitet haben. Dem portugiesischen Rundfunksender *Radio Renascenca* sagte er im Dezember 1995: »Wenn ich damals, als Alcide de Gasperi mich bat, in die Politik einzutreten, gewusst hätte, wie das enden würde, dann hätte ich wahrscheinlich gesagt: Nein danke, ich mache lieber etwas anderes.«

Ein Quertreiber aus Passion

Das politische Unikum Marco Pannella und seine Radikale Partei

So kennt man ihn von seinen Auftritten auf den Plätzen Roms und aus dem Fernsehen: erregt, erzürnt und immer am Reden. Wo Marco Pannella auftritt, kommt so leicht niemand anderer zu Wort, und es wird von wenig anderem gesprochen als von Politik. Pannella ist einer jener Menschen, denen der unbezähmbare Drang nach Selbstdarstellung immer neue Einfälle eingibt, wie auch in auswegloser Lage noch die allgemeine Aufmerksamkeit zu fesseln ist. Drum sieht man ihn gelegentlich in abenteuerlichem Aufzug, mal als leibhaftiges Gespenst und mal als Weihnachtsmann verkleidet, mal verhärmt und abgemagert, wenn er sich gerade wieder in einem Hungerstreik befindet. Pannella ist der Mann, der mit Piratenakten das politische Italien eine Tugend üben lässt, die auf der Apenninhalbinsel eine lange Tradition hat – die Toleranz.

Außenseiter und Quertreiber stoßen im Heimatland des Individualismus eher auf Bewunderung denn auf strikte Abwehr, und insoweit ist Marco Pannella eine überaus italienische Erscheinung. Seit vier Jahrzehnten tummelt er sich auf der politischen Szene als ein Korsar, dessen Zügellosigkeit nur noch von seiner Unberechenbarkeit übertroffen wird. 1930 in den Abruzzen mit dem aparten Vornamen Giacinto als Sohn eines Ingenieurs geboren, warf er sich schon als Jura-Student in die Politik und betätigte sich zunächst in der Liberalen Partei. Als diese einen Rechtskurs einschlug, scherte er aus und gründete 1955 zusammen mit anderen die Radikale Partei, die sich zunächst als außerparlamentarische Bewegung verstand und für Bürgerrechte, für die Rechte der Frauen und die Rechte missachteter Minderheiten, etwa der Homosexuellen und der Kriegsdienstverweigerer, ebenso eintrat wie sie den Hunger in der Dritten Welt zum Thema machte. Mahatma Gandhi ist ihre Symbolfigur, die Gewaltlosigkeit ihr Programm.

Pannella wurde früh die dominierende Figur und exponierte sich durch Hungerstreiks und spektakuläre Protestaktionen. In Prag und Sofia demonstrierte er 1968 gegen die kommunistische Diktatur und wurde verhaftet, in Rom ließ er sich festnehmen und strafrechtlich verfolgen, weil er öffentlich Haschisch rauchte, um eine Lockerung der Drogengesetze zu propagieren. Und ohne Ende empört er sich darüber, dass die staatliche Fernsehanstalt RAI und die Presse seinen Aktivitäten nicht soviel Platz einräumen mochten, wie er dies in seinem übersteigerten Geltungsdrang für angemessen hält.

Nicht nur, dass er und seine Anhänger mit Transparenten vor Zeitungshäusern aufmarschierten oder Fernsehstudios besetzten. Sie traten auch nackt auf, und längst ehe Greenpeace vorführte, dass im TV-Zeitalter auch mit Happening-Aktionen Politik zu machen ist, erwies Pannella sich als ein Profi der effektvollen Inszenierung. 1974 etwa nahm er neunzig Tage lang nichts anderes zu sich als gezuckerten *cappuccino* und zwang damit am Ende die RAI, eine Sendung mit der Liga für die Ehescheidung zu machen. 1978 trat er im Fernsehen stumm mit einem Knebel auf, um vorzuführen, dass man ihn nicht zu Wort kommen lasse. 1995 begab er sich für vierundzwanzig Tage in einen Hungerstreik und nahm sechs Tage auch keine Flüssigkeit zu sich, um gegen Äußerungen des Staatspräsidenten Oscar Luigi Scalfaro über die Medienwelt zu protestieren, die ansonsten niemandem aufgefallen waren. Am Ende kam er ins Krankenhaus, in einem TV-Interview präsentierte er sich dort mit eingefallenen Wangen und stechendem Blick, sodass die Nation ernstlich um sein Überleben zu bangen begann. Pannella brach aber selbstverständlich rechtzeitig ab, um sich dem Land zu erhalten und füllte danach ein ganzes Buch mit seinen Kommuniqués und Interviews und den Presseberichten über die Aktion.

Aufsehen zu erregen ist ihm Bedürfnis und Methode zugleich. Dies zeigte er auch im Parlament, wo die Radikalen 1976 erstmals einziehen konnten. Um den linksradikalen Ideologen Toni Negri vor der Justiz zu schützen, ließ Pannella ihn 1983 auf der Liste der Partei in die Abgeordnetenkammer wählen, Negri aber floh bald darauf nach Frankreich und kehrte erst 1997 freiwillig zurück – ins Gefängnis. 1987 stellten die Radikalen, wieder einmal auf Spektakel bedacht, den Porno-Star Ilona

Staller (»Cicciolina«) auf, und sie bekam tatsächlich einen Sitz. Italien gönnte sich eine Extravaganz.

Dies ist es jedoch nicht allein, was Pannellas Bedeutung ausmacht. Der Patriarch, der als Parteisekretär der Radikalen formal nur von 1981 bis 1983 amtierte und doch immer ihr Führer war, hat sich seit über zwei Jahrzehnten auch hervorgetan als Heerführer in zahlreichen Volksabstimmungen. Die Einrichtung des Referendums, in der italienischen Verfassung schon 1948 verankert, erlangte erst 1974 wirkliche Bedeutung, weil bis dahin die herrschenden Christdemokraten die Ausführungsgesetze verschleppten. Pannella entdeckte das Referendum sogleich als scharfes Schwert der direkten Demokratie und spielte eine Schlüsselrolle, indem er die öffentliche Meinung für bedeutende Lockerungen bei der Gesetzgebung über Scheidung und Abtreibung mobilisierte. Auch die Bataillen der Radikalen für das Recht auf Kriegsdienstverweigerung, für die Trennung von Kirche und Staat, für den Schutz der Umwelt und gegen die Korruption des herrschenden Parteiensystems wie gegen die Macht der Gewerkschaften setzten wichtige Akzente in einer politischen Landschaft, der eine klassisch links-liberale Partei als dritte Kraft von jeher fehlte.

In jüngerer Zeit indes verloren die Bürger zunehmend den Gefallen an Pannellas inflationär sich häufenden Referendumsinitiativen, im Juni 1997 scheiterte eine von ihm und seinen Anhängern mit Unterschriftensammlungen eingeleitete Volksabstimmung daran, dass nur 30,3 Prozent der Wahlberechtigten sich daran beteiligten. Ein Jahr zuvor hatte Pannella schon dafür bezahlen müssen, dass er sich mit dem Parteienblock des Konzernherrn Silvio Berlusconi erst verbündet und dann überworfen hatte. Am Ende blieb als politischer Partner nur noch der Kunstkritiker und Fernsehstar Vittorio Sgarbi, ein mit Berlusconi verbundener Freibeuter und Einzelgänger wie Pannella selbst. Die beiden gingen aber bei der Parlamentswahl 1996 mit weniger als zwei Prozent der Stimmen unter, Pannellas Bewegung kam nicht mehr ins Parlament.

Zur politischen Abstinenz kann ihn dies selbstverständlich nicht veranlassen. Kettenrauchend, zürnend und schwadronierend ist er weiter im feinen Anzug unterwegs, und in den Sendungen von *Radio Radicale*, einer Station seiner Partei, kommt er auch stundenlang zu Wort. Er hält Versammlungen, bindet sich Protestplakate vor den Bauch und redet, redet, redet. Er lässt, so im Juli 1997 in der Innenstadt von Treviso, Geldscheine an die Leute verteilen, um auf diese Weise gegen das geltende Gesetz der Parteienfinanzierung aus Steuermitteln zu protestieren. »Ich mache«, hat er einmal gesagt, »sogar im Bett noch politische Veranstaltungen«.

Indes schmerzt es ihn durchaus, dass all seine politische Betätigung ihm nie die höchsten Weihen eingetragen hat. Zwar hat er gelegentlich beträchtlichen politischen Einfluss ausgeübt, so zum Beispiel 1992 bei der Wahl des Christdemokraten Oscar Luigi Scalfaro zum Staatspräsidenten. Aber ein hohes Amt, etwa das des Außenministers, das er 1993/94 anstrebte, blieb ihm versagt. Weiter als bis zur Ministerebene reicht sein Ehrgeiz angeblich ohnehin nicht, so hat er es jedenfalls im Scherz einmal gesagt. »Ein Land, das mich zum Ministerpräsidenten wählen würde, hätte meinen sofortigen Rücktritt verdient.« Warum? »Weil ich nicht nötig wäre.«

Addio, Mamma Roma

Wie die Stadt um Fellini und Mastroianni trauerte

Es gibt Dinge, die man nur in Rom erleben kann. Dass der Bürgermeister den bekanntesten Brunnen der Stadt mit Trauerflor aushängen lässt, wenn ein beliebter Schauspieler stirbt. Oder dass siebzigtausend Menschen zusammenströmen, um einem toten Filmregisseur die letzte Ehre zu erweisen. Rom ist eine Stadt des Kinos und der großen Geste, und selten hat sie dies so hinreißend demonstriert wie beim Ableben zweier Titanen der italienischen Filmkunst: Federico Fellini und Marcello Mastroianni.

Die beiden waren der Stadt am Tiber durch ihr Leben und ihr Wirken vielfältig verbunden. Fellini, als junger Mann aus seinem Heimatort Rimini nach Rom verzogen, hat seither dort gewohnt und dort die entscheidenden Impulse seines künstlerischen Daseins empfangen. Sein Arbeitsplatz war das Teatro Cinque, jenes legendäre Studio Nummer 5 in der Filmstadt Cinecittà, das mit viertausendachthundert Quadratmetern die Ausmaße einer Fabrikhalle hat und als größtes Filmstudio Europas gilt. Hier hat Fellini die meisten seiner Filme gedreht, hat gigantische Kulissen errichten lassen und Szenen komponiert, die ihn zu einem der größten Künstler des Jahrhunderts machten. In einem

Nebengebäude hatte er sein Büro, dort schrieb, skizzierte, aß und übernachtete er, dort empfing er Besucher und von dort rief er täglich mehrmals Giulietta Masina an, seine Ehefrau und Kollegin, die er 1943 in Rom geheiratet hatte.

Er lebte mit ihr mitten in der Altstadt, zuletzt im Haus Nr. 110 in der Via Margutta, unweit der spanischen Treppe gelegen und doch in einem stillen Winkel, den der Touristenstrom gewöhnlich verschont. Wie alle anderen Bewohner des Viertels ging der Maestro hier in die Kaffeebar, plauschte mit Händlern und Handwerkern, und spät abends, wenn alles still war, brachte er den Katzen etwas zum Fressen hinunter.

Wer eine Zeit lang in Rom lebt und dann im Lichte eigener Erfahrungen Fellinis Film »Roma« betrachtet, der begreift, dass die Genialität dieses Künstlers eine genuin italienische ist: er hat nur gebündelt, verdichtet und mit ironischer Distanz zugespitzt, was seine Landsleute alltäglich leben. Er hat sie obsessiv beobachtet und spöttisch widergespiegelt, und er hat auf diese Art ein paar Mythen der Neuzeit zu begründen geholfen, die dem Rom der fünfziger und sechziger Jahre für eine Zeit lang einen legendären Schwung verliehen.

Es war dies das goldene Zeitalter von Cinecittà, der Filmstadt am östlichen Rand von Rom, die 1937 in Gegenwart des faschistischen Diktators Benito Mussolini begründet wurde und etwa von 1951 an für rund zwei Jahrzehnte das Hollywood Europas war. Kolossalwerke wie »Ben Hur«, »Quo vadis« oder »Cleopatra« wurden hier gedreht, Weltstars lebten zeitweise in Rom und zogen wie magisch jene wilden Fotografen an, die niemand anderer als der sympathisierend zuschauende Fellini mit dem Ausdruck *paparazzi* belegte. Fellinis Film »La dolce vita«, mit Marcello Mastroianni in der Hauptrolle, erhob die Fontana di Trevi und die Via Veneto in den Rang kultischer Orte, deren Bann freilich später in Banalität zerrann.

Und doch blieb der Zauber, den Fellini entzündet hatte, lebendig in den Herzen der Menschen, wie sich im Herbst 1993 bei seinem Sterben zeigte. Der Künstler hatte dreiundsiebzigjährig einen Schlaganfall erlitten und lag im Koma im Poliklinikum Umberto I., von dessen Krankenhausfluren in jenen Tagen die Fernsehreporter jeden Abend live in die Tagesschau-Sendungen berichteten. Der Präsident des Abgeordnetenhauses wünschte dem Kranken öffentlich ebenso Genesung wie der Staatspräsident und der Präsident des Senates, und selbstverständlich waren die Herren, als der Maestro dennoch starb, beim Trauergottesdienst zugegen, ebenso wie andere führende Politiker, bekannte Schriftsteller und Schauspieler, prominente Richter, die Techniker aus Cinecittà und all die vielen, vielen anderen. So nahm Italien Abschied von einem seiner Größten.

Nichts aber bezeugte so sehr die Verehrung der Menschen für Fellini wie jener kolossale Aufzug der Trauernden in seinem Teatro Cinque in Cinecittà, wo einen Tag lang der Sarg des Toten aufgebahrt war, ehe er in seinem Geburtsort Rimini in die Erde gesenkt wurde. Über siebzigtausend

Frauen und Männer aus Rom, aus ganz Italien und auch aus dem Ausland strömten an jenem Dienstag von morgens um neun Uhr bis nach Mitternacht herbei, quollen Stunde um Stunde aus der U-Bahn-Station Cinecittà und schoben sich auf das Gelände der Filmstadt, die aus einer Reihe höchst simpler bräunlich-rötlich schimmernder Flachbauten besteht.

Umso überwältigender war das Setting im Inneren des Studio 5. An der Stirnwand der leeren, nur mit Lichtgerüsten ausstaffierten Halle hatten die Handwerker eine Kulisse aus dem Film »Das Interview« aufgehängt, die einen sommerblauen Himmel zeigte, hell angestrahlt. Davor erhob sich aus dem Dunkel des Raumes Fellinis Sarg, bedeckt mit einem Rosengebinde und einer Schleife. Zur Rechten und zur Linken aber standen je ein *carabiniere* in schwarzer Gala-Uniform, die Hände auf den silbernen Degenknauf gestützt, den Zweispitz nebst rotem Federbusch auf dem Haupt, sowie je ein römischer Stadtpolizist in Dunkelblau mit weißem Helm und weißen Handschuhen.

Im Licht der Scheinwerfer, über den schemenhaft sich abzeichnenden Köpfen der Besucher, hatte diese von den Uniformen dominierte Konfiguration etwas umwerfend Opernhaftes, Filmreifes; war sie unzweideutige Botschaft dafür, dass an diesem Ort die hohe Kunst der Erzeugung starker Eindrücke beheimatet ist. Und beeindruckt defilierten die mehr als siebzigtausend vorbei. Hat man anderswo bei vergleichbarem Anlass von ähnlichen Größenordnungen und ähnlichen Inszenierungen gehört, hat man anderswo erlebt, dass Bürger sich in dieser Art ein historisches Ereignis schaffen?

Als drei Jahre später, im Dezember 1996, Marcello Mastroianni starb, waren es mehr als zwanzigtausend, die am Wochenende vor Weihnachten die großen Treppen des Kapitolshügels hinaufdrängten, geduldig wartend, bis die Reihe an ihnen war. Der blumengeschmückte Sarg stand in der Sala della Protomoteca, dem Ehrensalon des historischen Rathauses. Tausende trugen sich in die Kondolenzbücher ein, unter ihnen der Staatspräsident und der Ministerpräsident, die spätere Trauerfeier endete mit der Musik aus Fellinis Film »Achteinhalb«, zu deren Klang vier Männer den Sarg forttrugen zum Friedhof Campo Verano im Stadtteil San Lorenzo, wo Mastroianni beerdigt ist.

Italien betrauerte ihn als nationale Identifikationsfigur, die zum »Gesicht des Italieners« geworden war, »nicht wie er ist, sondern wie er sein könnte oder sollte«, so die Zeitung *La Stampa*. Und ebenso wie der Künstler hatte der Mensch Mastroianni Anteilnahme erweckt, der empfindsame, schüchterne Sohn eines Schreiners und einer Hausfrau aus dem Dorf Fontana Liri bei Frosinone, südlich von Rom, der so italienisch war in seinem Vergnügen an eleganten Kleidern und so unitalienisch in seiner Neigung zum Untertreiben, der politischen Linken nahe und der katholischen Kirche fern. Das Etikett vom Latin Lover hat er gehasst, auch wenn in seinem wie in Fellinis Leben zweifelsohne Frauen die Hauptrolle spielten.

Fellini hat auch Rom als eine Frau angesehen, als

Mamma Roma, wie er sie nannte. »Rom ist eine Mutter, sogar die ideale Mutter, denn Rom ist gleichgültig: eine Mutter, die zu viele Kinder hat, als dass sie sich mit dir abgeben könnte. Sie verlangt also nichts von dir und erwartet sich nichts.« »Eine Mutter«, schrieb er, »die dich nicht dazu zwingt, dich ordentlich zu benehmen.«

Nachsatz

Die hier vorgelegten Texte sind in den Jahren 1993 bis 1997 als Korrespondentenberichte für die *Süddeutsche Zeitung* entstanden. Kein Korrespondent arbeitet allein im leeren Raum, sondern in täglicher Fühlungnahme mit den zuständigen Kollegen der Zentralredaktion. Sie sind es, mit denen er seine Projekte vorab diskutiert, sie regen ihrerseits Geschichten an, legen die Länge der Beiträge fest, bestimmen Form und Tag des Erscheinens, sie redigieren die angelieferten Texte, versehen sie mit Überschriften und heben sie samt Fotos oder Grafiken ins Blatt.

Im konkreten Fall sind die Artikel mit wenigen Ausnahmen für die *Seite Drei* der *Süddeutschen Zeitung* recherchiert und geschrieben worden; die in diesem Ressort tätigen Kollegen Giovanni di Lorenzo, Andrea Bachstein und Reymer Klüver haben also ihren Anteil daran, insbesondere Giovanni di Lorenzo, der in Rom bis zur fünften Klasse zur Schule gegangen ist und dessen Vater in Rom lebt, hat wichtige Anregungen gegeben.

Für die Veröffentlichung in diesem Buch habe ich die meisten Texte leicht überarbeitet und aktualisiert oder allzu aktueller Anspielungen entkleidet. Einzelne Berichte wie das Porträt Marco Pannellas wurden gegenüber der Originalversion stark ergänzt, der Text über Fellini & Mastroianni wurde aus zwei Artikeln zusammengefügt.